LEICHEN IM GRÖSSENWAHN

ZEITGENÖSSISCHE POETRY-SLAM-TEXTE ALS PARADIGMATISCHE BÜHNENLITERATUR ZWISCHEN SPOKEN WORD, SPRACHWERKSTATT, DICHTERSCHLACHT UND ANDEREN VON SUCHMASCHINEN IM KONTEXT VON DICHTERWETTSTREIT AM HÄUFIGSTEN GEFUNDENEN BEGRIFFEN WIE „ICH", „ZEITLIMIT" ODER „WOMBAT"!

ROBIN BAUMEISTER
JAN CÖNIG
GAX AXEL GUNDLACH
JEY JEY GLÜNDERLING
RABAN LEBEMANN

Widmungsformular (männliche Kontaktperson)

Yo, Bruder

HIER NAMEN EINTRAGEN

Erstmal vielen Dank, dass Du Dich für meine Texte interessierst, und außerdem ...

HIER COOLE, PERSONALISIERTE WIDMUNG EINTRAGEN

Wäre cool, wenn ich Dich jetzt öfter auf Poetry Slams zu Gesicht bekäme.

Peace, Dein

HIER NAMEN EINTRAGEN

Widmungsformular (weibliche Kontaktperson)

Oh, wunder-
hübsche

HIER NAMEN EINTRAGEN

Erstmal vielen Dank, dass Du Dich für mich interessierst, und außerdem ...

HIER COOLE, PERSONALISIERTE WIDMUNG EINTRAGEN

Wäre schön, wenn ich Dich jetzt öfter zu Gesicht bekäme.

Love, Dein

HIER NAMEN EINTRAGEN

☐ PS: Ich würde Dich um alles in der Welt gerne wiedersehen

HIER TELEFONNUMMER EINTRAGEN

Bibliografische Information der Deutschen Nationalbibliothek:
Die Deutsche Nationalbibliothek verzeichnet diese Publikation
In der Deutschen Nationalbibliografie; detaillierte bibliografische
Daten sind im Internet über hppt://dnb.dnb.de abrufbar.

Leichen im Größenwahn
1.Auflage 2015
Alle Rechte vorbehalten
Copyright ©2015
Robin Baumeister Jan Cönig GAX Axel Gundlach
Jey Jey Glünderling Raban Lebemann

Lekotorat: Andrea Baron, Frankfurt am Main
Zeichnungen: Lothar Krebs, www.krebsillustration.de

Herstellung und Verlag:
BoD – Books on Demand, Norderstedt

ISBN 9-783738-631074

v.l.n.r.: Baumeister, Cönig, GAX, Glünderling, Lebemann

Wir danken: Andrea, Alkohol, Wombat

LEICHEN IM GRÖSSENWAHN

INHALTSVERZEICHNIS

EDITORIAL
    Leichen im Größenwahn   8

POLITIK
Vorwort zum Thema Politik – Jan Cönig   10
    Robin Baumeister: Zahnräder und Schräubchen   11
    GAX: Ich bin kein Kreppel   17
    Jey Jey Glünderling: Du bist Deutschland   24
    Raban Lebemann: Sebastian   29
    Jan Cönig: Regen   34

WIRTSCHAFT
Vorwort zum Wirtschaftsteil – Robin Baumeister   40
    Jan Cönig: Der letzte Zug   41
    GAX: Augmented Reality   45
    Jey Jey Glünderling: Tinder   52
    Raban Lebemann: Die Fuck-it Liste   57
    Robin Baumeister: Mens@ria   62

FEUILLETON
Vorwort zum Feuilleton - GAX   67
    Robin Baumeister: Großstadtgeflüster   68
    Jan Cönig: Alter   74
    Jey Jey Glünderling: WG gesucht   80
    Raban Lebemann: Die Fünf Phasen der Trauer   84
    GAX: Gedankenbrei   90

GESELLSCHAFT

Vorwort an die Gesellschaft – Raban Lebemann	**97**
Robin Baumeister: So wie Du	**98**
Jan Cönig: Pippi Langstrumpf	**103**
GAX: Erich	**108**
Jey Jey Glünderling: Scientology	**116**
Raban Lebemann: Der Beziehungsmensch	**121**

SPORT

Vorwort zum Sport – Jey Jey Glünderling	**127**
Robin Baumeister: Rendezvous mit James Bond	**128**
Jan Cönig: Die Friedenstaube	**134**
GAX: Sechs Minuten Ewigkeit (Tempus fugit)	**139**
Raban Lebemann: Tremor	**147**
Jey Jey Glünderling: Lebensgier	**152**

BERUF & CHANCE

Vorwort zu den Autoren	**158**
Robin Baumeister	**159**
Jan Cönig	**161**
GAX Axel Gundlach	**163**
Jey Jey Glünderling	**165**
Raban Lebemann	**167**

ZUGABE

Vorwort zu TMUS	**169**
Underwater	**170**

WERBUNG   **177**

EDITORIAL
LEICHEN IM GRÖSSENWAHN

Wenn man einen sehr kleinen Streifzug durch die Poetry-Slam-Szene machen wollte, um sich einen Eindruck dieses modernen Dichterwettstreits und seiner wildesten Blüten zu machen, dann würde man mal hier, mal dort und nahezu unausweichlich auf einen der fünf Spoken-Word-Artisten treffen, die sich in diesem Buch zu einer uneiligen Allianz zusammengefunden haben.

Uneilig, denn im Gegensatz zum gesprochenen Bühnenvortrag sind Slam-Texte in gedruckter Form entschleunigt, um Stimme, Gestik und Mimik abgespeckt und von der oft mitreißenden Atmosphäre des Slams befreit.

Was übrig bleibt, ist die nackte Qualität des Texts, seine thematische Konstruktion und Dramaturgie, seine Wortwahl und Ansprache – oder sein herzlich dahingerotzter Unfug als Mischung aus feiner Ironie und völlig übertriebener Satire.

Trotzdem gilt für alle Poetry-Slam-Texte: Sie sind laut, direkt, oft unverholen, manchmal unverschämt und politically incorrect. Sie sprühen nur so vor Wortspiel, Wortwitz oder Superlativen und gehen sehr gerne verschwenderisch mit Gefühlen um, denn es gilt die Herzen der Zuschauer und die Stimmen der Publikumsjury im Sturm zu erobern.

Aber das hier ist, wie manchem schon nach wenigen Seiten aufgefallen sein mag, ein Buch. Die Bühne fehlt, das Mikrophon auch und das Rampenlicht ist aus.

Doch wenn es still ist, hat man die Möglichkeit jemanden ganz anders kennenzulernen, denn er hat immer noch was zu sagen.

POLITIK
Jan Cönig

Politik.
Schönstes Streitthema, weltverändernd und stammtischbestimmend. Lustige Menschen, die sich viel zu ernst nehmen, Sommerpause, viel zu viele Anzüge, viel zu viele Bezüge, laufender Stillstand. Aber irgendwie braucht man sie ja doch, unsere Politiker. Sonst wären die Wahlen ja noch langweiliger.

Keine Proklamation des stolzen Nichtwählens, kein „ehrenamtlicher Wahlhelfer" für den Lebenslauf und die ganzen schönen Staatsgebäude würden auch alle leerstehen. Das wäre wie mit den Stadien nach so einer WM. Der Wohnraum ist vorhanden, aber er wird nicht sinnvoll genutzt.

Und immerhin steckt in Politik das Wort *Po*. Und *liti*. Und *k*. Was ich damit sagen will, weiß ich nicht so genau, aber da bin ich ja dann ganz nah an der aktuellen Politik.

Wie vielschichtig das Thema sein kann, zeigen die wohlbedruckten folgenden Seiten. Da geht es um Großväter, Schlafwandler, Berlin, Deutschland, Zeit, um Regen und mehr. Würde ich wählen gehen, würde ich diese Texte wählen. Viel Spaß beim Lesen.

ROBIN BAUMEISTER

ZAHNRÄDER UND SCHRÄUBCHEN

Es gibt schon sonderbare Hobbys.
Die einen sammeln Münzen und geben dafür Unmengen an *normalem* Geld aus. Die anderen sammeln Briefmarken und belästigen ihre Freunde und Verwandten damit, dass sie jeden Brief so öffnen sollen, dass die Briefmarke nicht beschädigt wird. Wieder Andere sammeln Tabletts aus Schnellrestaurants und reisen durch alle Herrenländer, nur um ihre Sammlung vervollständigen zu können.

Mein Großvater sammelte Uhren.

Seit ich denken konnte, hatte er diese Sammlung. Er hat sie jährlich um drei bis vier Uhren vergrößert, sodass bald der komplette Dachboden voller Uhren stand. Dies war sein Reich, er war der Herr der Zeit.

Ich sah nie etwas Verrücktes, oder Eigenartiges in diesem Hobby; Er hatte es einfach schon immer getan...

... Er war mein Großvater.

Auf dem Dachboden hatte er alle Arten von Uhren, die man sich nur vorstellen kann:

Große Uhren, kleine Uhren, Standuhren, Wanduhren, Armbanduhren, Taschenuhren, Großvateruhren, Quartzuhren, batteriebetriebene, Kuckucksuhren ...

– Oh, er hatte einen besonderen Faible für Kuckucksuhren. Zu jeder vollen Stunde schallte eine Kakophonie von Kuckucksrufen vom Dachboden her, sodass ein uneingeweihter Besucher aus Schreck schon einmal den Nachmittagskaffee über seine Sonntagskleider verschütten konnte. –

Uhren mit Ziffernblättern, die im Dunkeln leuchteten, Uhren, die langsamer gingen als andere, schneller laufende Uhren.

Und dann gab es da noch seine Lieblingsuhr:
Die rückwärts laufende.

Ich habe ihn als kleiner Junge – in einem Anflug kindlichen Übermutes – einmal gefragt, wieso gerade diese seine Lieblingsuhr sei. Neunmalklug begründete ich meine Frage:

„Sie hat doch keinerlei Nutzen: Sie ist weder besonders schön anzuschauen," (war sie tatsächlich nicht: Es handelte sich um ein rundes, leicht vergilbtes, ursprünglich weißes, mit hellem Nußbaumholz berahmtes Ziffernblatt mit schwarzen Zeigern und schwarzen, römischen Ziffern; nichts Besonderes also, außer, dass sie eben rückwärts lief.) „Noch ist sie besonders wertvoll. Außerdem kann man nicht einmal die Zeit von ihr ablesen."

Heute bin ich klüger und schäme mich ein wenig für meine Worte. Doch mein Großvater lächelte mich wissend an und erwiderte:

„Weißt du, mein Kind. Das ist eine ganz seltsame Sache mit der Zeit. Was ist schon Zeit?

Etwas von Menschenhand Geschaffenes. Eine Idee, die Dinge chronologisch ordnen zu können.

… Zahnräder und Schräubchen.

Die Zeit will nicht gemessen werden. Keine meiner Uhren hier geht richtig.

Nun gut, die Kuckucksuhren laufen alle gleich, weil ich ihre Symphonie gerne in der vollen Orchesterbesetzung genieße. Doch alle Anderen gehen verschieden.

Vielleicht ist diese hier die einzige, die so läuft, wie sie laufen soll." Hierbei ging er auf seine Lieblingsuhr zu, hängte sie ab und streckte sie mir entgegen.

„Ist dir der Name Albert Einstein ein Begriff?"

Ich war vollkommen in das Ticken der Uhr, in die schnelle Bewegung des Sekundenzeigers, wie er auf dem Ziffernblatt rotierte, in die langsamere Bewegung des Minutenzeigers und in die scheinbar unendlich langsame Bewegung des Stundenzeigers versunken, sodass ich bei seiner Frage zusammenzuckte.

Ich hätte den Namen schon einmal gehört, erwiderte ich.

„Einstein war einer der größten, wenn nicht sogar der größte Physiker des 20. Jahrhunderts. Doch hierum geht es mir jetzt nicht.

Um was es mir gerade geht ist bloß eine kleine, aber feine Randnotiz in seiner Biographie, für die meisten Menschen ein Trivium, wenn du so willst. Es heißt, Einstein habe nie eine Uhr getragen."

„Und wieso? Dann kam er ja immer zu spät!", wunderte ich mich mit zurückgefundenem kindlichen Übermut.

„Naja, er war der Meinung, er brauche sie nicht.

Das Leben ist schnell genug und von Terminen und Zeitplänen bestimmt. Der Mensch, der die Zeit, oder seine Vorstellung von der Zeit, geschaffen hat, um Dinge zu ordnen, muss sich ihr heutzutage unterwerfen. Er, der er der Herr über die Zeit sein will, ist nun ihr Knecht. Die Zeit ist Herr über den Menschen."

„Das verstehe ich nicht so ganz."

„Du wirst es eines Tages verstehen, glaube mir. Und dann wirst du dich an mein Gesagtes erinnern und mir vermutlich zustimmen.

Doch nun noch einmal zu deiner eigentlich Frage nach meiner Lieblingsuhr:

Sagen wir, manchmal wünscht man sich einfach, die Zeit würde rückwärts gehen."

Und wieder dieses wissende Lächeln. Ich habe lange Zeit über sein Gesagtes nachgedacht.

Einige Jahre später starb mein Großvater. Und seine Uhrensammlung geriet scheinbar in Vergessenheit, außer für mich. Immer, wenn ich eine Uhr sehe, muss ich an ihn denken, erinnere mich an seine Worte – auch heute noch.

Als auch meine Großmutter starb und es darum ging, das Erbe unter ihren drei Kindern aufzuteilen, übernahm der Mann meiner Tante diese Aufgabe.

Wir Enkel wurden gefragt, ob es denn etwas gäbe, das wir gerne hätten.

Ich wusste sofort, was ich wollte, nein, was ich brauchte. Um jeden Preis haben musste, um das Andenken an meinen Großvater zu wahren und sein Erbe weiterzuführen. Einer musste es tun… Und ich war der Richtige.

Ich brauchte diese Uhren. Ich wollte mich erinnern. Ich war jedes Mal mit meinem Großvater auf dem Dachboden gewesen, wenn ich meine Großeltern besucht hatte. Jedes Mal habe ich dem Ticken gelauscht, wir beide. Zur Symphonie der Zeit konnten mein Großvater und ich so schön gemeinsam schweigen. Uhren sind Erinnerung.

Was denn nun mit den Uhren auf dem Speicher geschehe, habe ich gefragt.

„Ach die alten Dinger?", entgegnete man mir. „Die haben wir schon vor einigen Monaten verkauft. Haben erstaunlicherweise noch ein beträchtliches Sümmchen abgeworfen."

Ich erstarrte.

Verkauft?! – „Die alten Dinger?"!! –

„Auch seine Lieblingsuhr?", stammelte ich.

„Er hatte eine Lieblingsuhr?" Verächtliches Lachen.

„Ihr Banausen! Was wisst ihr eigentlich?! Jahrelange Arbeit, jede Menge Schweiß und Herzblut haben in dieser Sammlung gesteckt! Wegen ein paar lumpigen Euro verscherbelt ihr das alles ohne mit der Wimper zu zucken, obwohl ihr's sowieso nicht braucht?! Im Grabe würde er sich umdrehen, müsste er davon erfahren!", hätte ich am liebsten gebrüllt.

„Achso... Ja... Das wäre das Einzige, was ich gewollt hätte", war das Einzige, was ich mühsam hervorbrachte.

„Ja, wie gesagt, leider verkauft..."

Leider?! Lügner...!

Abends in meinem Bett habe ich bittere Tränen des Verlusts geweint. Ich musste heute erfahren, dass das letzte Stück meines Großvaters Herzens verkauft worden war. Alles was mir bleibt, ist die Erinnerung an ihn, immer dann, wenn ich eine Uhr sehe.

Ich konnte ihnen das nie verzeihen.

Ein weiser Mann hat mir einmal gesagt:

„Manchmal wünscht man sich einfach, die Zeit würde rückwärts gehen."

Damals habe ich es noch nicht verstehen können...

... heute ist das anders.

GAX AXEL GUNDLACH

ICH BIN KEIN KREPPEL

Keine Ahnung, wie mir das wieder passiert ist.
Echt keine Ahnung!
Liegt vielleicht an dieser blöden Schlafwandelei.
Dabei hab ich immer die voll realistischen Träume ...
– fühlt sich bei mir immer total echt an.
Wenn ich zum Beispiel von Sex mit einer anderen Frau träume, dann ist das so real, so taktil erogen, dass garantiert plötzlich meine Freundin vorm Bett steht und zu mir sagt: *„Sag mal, spinnst Du?"*
Also so realistisch – wie auch immer ...

Ich also in voller Montur, mit Anzug, Krawatte, Diplomatenkoffer, steh da plötzlich im Abgeordnetenhaus.
Fühl mich aber nicht so, als ob man mich abgeordnet hätte. Für was auch? Ich hab ja von nix 'ne Ahnung ...
Obwohl, das scheint da jetzt auch sonst kein Hindernis zu sein. Aber ich? Im Abgeordnetenhaus?
Dabei verursacht Politik bei mir Albträume.
Also genau andersrum als in Berlin:
Da verursachen Albträume Politik!
Voll Bannmeile – jede Art von Vernunft verbannt.
Und ich mittendrin, gefangen in einem Aufzug, bei Stromausfall. Und mit noch ein paar anderen Typen und Uschen.
Alles Abgeordnete, oder Staatssekretäre oder so ...

Man kann das im Dunkeln nicht so unterscheiden:
Man weiß ja nicht, wie Staatssekret riecht!
Und das fühlt sich total unheimlich an. Jetzt bloß nicht aufwachen. Denn dann da am End in echt in dem Aufzug zu stehen, ist ja noch schlimmer als weiterträumen.
Auch wenn es ein Scheißtraum ist ...
Im Dunkeln umzingelt von diesen Volksflüsterern.

Hyperintelligente Soziopaten landen in der Psychiatrie.
Die nicht ganz so schlauen Soziopaten landen immer in der Politik. Das ist wie ein unheimlicher Magnetismus.
Und ich mag's net, denn ich lande dann mit denen in einem Aufzug. Ehrlich, das braucht man wie eine Katzenklappe an einem U-Boot. Und dann fangen die auch noch an zu reden, wie immer alle durcheinander.
So nix von wegen:
„Entschuldigung, hat die Mitte meines Satzes etwa den Anfang Ihres Satzes unterbrochen?"
Nee, immer heiter und weiter,
einfach alle durcheinander.

Irgendwas von Verkehrskommission und Tempolimit.
Der eine sagt: *„Geschwindigkeit tötet keine Menschen. Plötzlich auftauchende Hindernisse töten Menschen."*
Und der andere meint: *„Quatsch, Tempolimit, aber Ausländer mit Ferraris sollten bei uns Vergnügungssteuer zahlen ..."*

Und der nächste: *„Blablabla ... Maut ... blabla!"*
Da merkt man sofort, dass sie schneller reden als sie denken können. Und dafür müsste man eigentlich mal ein Tempolimit einführen: für das Geschwätz! Aber das gelingt ja noch nicht mal in meinem Traum.

Ich hab ja mein ganzes Leben lang Angst davor gehabt, Opfer eines Verbrechens zu werden – nur um dann hier im Aufzug zu merken, dass ich ständig Opfer irgendeines Verbrechens bin.
Verbrechen mit so kranken Bezeichnungen wie Gesundheitsgegenreformwiederanpassungsgesetz, Rindfleischetikettierungsüberwachungsaufgabenübertragungsgesetz oder Wertpapieremissionsinformationsassymetrieneinschränkungsgesetz!
Nicht nur wegen solcher Bandwurmworte ist es gefährlich, mit Politikern zu reden. Die drehen einem ja sprichwörtlich die Worte im Mund 'rum. Da wird aus einem: Ein Neger mit Gazelle, zagt im Regen nie! ... schnell mal ein: Ein Neger mit Gazelle, zagt im Regen nie!

Aber nur, wenn der Politiker palindromisch spricht.
Wenn nicht, hört sich das eher so an:
Ein Maximalpigmentierter mit Migrationshintergrund und einem afrikanischen Fluchtsäuger der Gattung Streifenreh setzt sich dem tropfenförmigen Niederschlag ohne Anzeichen der inneren Resignation, aber mit einer gewissen Handlungsfreudigkeit aus ...

Und deswegen müssen die Steuern erhöht werden!

Politiker lieben diese Art zu reden, denn sie lieben an sich diese Art zu denken: einfach, aber unverständlich! Die sind sie alle wie Eskimos, die einem Beduinen erklären wollen, wie man mit einer Hitzewelle umgeht! Mit 32 Wörtern für Schnee!
Und Du selbst willst auch gar nicht mit denen argumentieren, weil; die sind ja wie Zombies. Du erledigst einen mit Argumenten – und wuuusch! – drei andere steigen aus ihren Löchern ...
Da fragt man sich echt, wo sie die alle herhaben – und in meinem Traum seh ich dann so ne Art Frankenstein Fabrik, wo sie die so zusammenbasteln.
Mit den Gehirnen von verunglückten VWL-Studenten:
Nicht schlau genug, um Probleme zu lösen,
aber nicht dumm genug, um es nicht doch zu versuchen.
Da sind sie wie Betrunkene, die ihre eigene Kotze aufwischen wollen: Man will ihnen noch schnell den Lappen wegnehmen, aber da ist es schon passiert
– die Kotze ist jetzt überall verteilt.

Oder sie döppern eine Vase zu Bruch und weil sie immer glauben, dass ihnen eh keiner zuguckt, drücken sie die Teile wieder so zusammen, dass dann der nächste, der sie anfasst, der Depp ist. Und genau so funktioniert Regierungswechsel! Der nächste, der die Gesundheitsreform anfasst, ist der Depp!

Außer sie bilden eine Groko, dann fasst in den nächsten vier Jahren garantiert keiner mehr das Ding an!
Oder sie machen irgendeinen schrägen Deal miteinander – 'nen Grokodeal!
Das sieht da aber nicht so lustig blöd aus wie das Maskottchen vom VfB Stuttgart, sondern es sieht einfach nur blöd aus – und zwar für uns alle!

Zum Beispiel, seit Jahren verspricht die Politik, die Pflege von Demenzkranken zu verbessern.
Und das ist Politik in Perfektion:
Da kann sich weder der Politiker
noch die Zielgruppe an das Versprechen erinnern!

Und jetzt steh ich da mit diesen Typen im Aufzug –
und ich spür wie irgendeine Hand an meiner Hosentasche rumnestelt, und ich denk mir, Lieber Gott ... – und wenn ich als glücklicher Heide schon *Lieber Gott* denke, dann kann es sich nur um einen echt kranken Scheißtraum handeln – ich denke also:
Lieber Gott, lass es die Sarah sein; solange die nix sagt, könnte das ja noch ein ganz guter Traum werden ...

Aber da spür ich die Finger an meinem Portemonnaie und ich schieb die Hand so weg. Und da sagt der Rollifahrer zu mir: Tschuldigung, alte Gewohnheit!
Und da wird mir sofort klar, warum ich nicht wie sonst unbekleidet schlafwandle: weil 'nem nackten Mann kann

man ja nicht in die Tasche greifen! So realistisch sind meine Träume – alles voll durchdacht!

Diese Berufspolitiker sind ja sonst schon widrige Umstände, aber wenn man erst mit denen in einem Fahrstuhl steht – Da kriegt man schon den Eindruck, der Genpool könnte ein bisschen Chlor vertragen!
Oder die Pille danach!

Ich weiß gar nicht, wie ich das Euch sonst erklären soll.
Politik ist ja mittlerweile mehr so was Ähnliches wie Showgeschäft,
         ... nur für hässliche Leute!
Der Siggi – so ne Art Roy Black mit down syndrom ...
Die Mutti – immer mit diesem Gesichtsausdruck,
als wäre es im Wachsfigurenkabinett ein klein wenig zu warm geworden ...
Der Kwido – nach zwanzig Jahren die Akne erfolgreich behandelt, um dann festzustellen, dass ihn die Leute aus ganz anderen Gründen eklig finden ...
Oder Rotwein-Oskar: ein Mann wie Uri Geller
         – überraschend schwer zu erstechen!

Ihr seht, wenn man so 'nen Politikscheiß träumt, landet man unwillkürlich bei nicht persönlich gemeinten, aber trotzdem ganz schön persönlichen Beleidigungen.
Oder wie man in Fachkreisen sagt:
Klassisches Politisches Kabarett!

Und das ist echt selten, dass ich beim Schlafwandeln
Politisches Kabarett träume, aber wenn ich davon träume, dann nur in schwarzweiß. Denn diese Typen sind so übel – denen gönne ich keine Farben!

Oder gleich in ganz schwarz, wie in diesem Aufzug hier.
Ich hör nur Stimmen und die sprechen zu mir.
Und Ihr wisst ja, wenn man Stimmen hört,
ist meistens was nicht in Ordnung.

Und das stimmt: es ist was nicht in Ordnung.
Doch das bleibt so, solange Frau Raute noch Periode hat. Also Legislaturperiode.
Dabei müsste die doch langsam mal in die Wechseljahre kommen. Also das Fach wechseln: vom Einfach ins ...
also weg halt!
Weil, wenn ich die im Fernseh' reden höre, dann weiß ich sofort: Wow, einer von uns beiden hat einen echt brutal durchgeknallten Wombat unter der Mütze!
Aber diesmal, dieses eine Mal bin ich's nicht!

JEY JEY GLÜNDERLING

DU BIST DEUTSCHLAND

Spanien. Schwabbelige, beharrte Bierbäuche, die der Sonnenbrand in die Farben der Telekom getaucht hat. Darunter knallenge rote Speedo-Badehosen, aus denen zu allen, allen Seiten Schamhaare quillen. Weiße Tennissocken in kackbraunen Sportsandalen mit Klettverschluss und halbrunder, gesunder Abroll-Sohle. Riesige Schalke-Handtücher, die schon um sechs Uhr auf den Liegen ausgebreitet werden. Spanisches Hotelpersonal, das konsequent nur auf Deutsch angesprochen wird. So könnte man Deutschland beschreiben, aber das ist nicht die Realität. Das ist nur die nach Schrecklichkeit schreiende, nach Stereotypen stinkende Subkultur der Flughäfen wie Frankfurt/Hahn.

Das ist nicht Deutschland. Das echte Deutschland ist viel subtiler, es hat sich versteckt. Und ich machte mich auf, es zu suchen. Es war eine lange und beschwerliche Recherche, bei der mich Bob Andrews tatkräftig unterstützte. Nach Jahren wurde ich endlich fündig.
Ungestrecktes, pures Deutschland findet man nämlich weder an vollgemüllten Stränden, noch an klebrigen Flatrate-Theken, sondern in Besucherbüchern von Kunstmuseen. Deutschland offenbarte sich mir in seiner ganzen Tragweite in den folgenden Zeilen, auf die ich im Besucherbuch des Louvre stieß. Dort stand es schwarz

auf weiß in aggresiven Großbuchstaben, die sich bis auf die nächsten drei Seiten durchdrückten:

„Hallo!! Der Besuch in ihrem Museum war leider eine unzumutbare Zumutung. Die Schilder neben ihren Bildern sind sehr niedrig angebracht, wahrscheinlich wegen Rollstuhlfahrern. Wir als Nicht-Behinderte haben nun Rückenschmerzen. Vielen Dank!
Harald Nospe aus 16189 Lückinghausen bei Ülzen"

Harald Nospe hieß Deutschland also. Harald aus Lückinghausen bei Uelzen – deutscher ging es nicht. Ich sah sofort Haralds gesamtes Leben bildlich vor mir. Ich sah den angeschwitzten Audioguide, der ihm um den Hals baumelte, als er in dem Besucherbuch ausrastete.
Harald war einer, der seine Beschwerden immer mit richtigem Namen unterschrieb. Er war keiner, der sich hinter der Anonymität des Internets versteckte.
Aber Harald war nicht selbstsüchtig und er hatte auch sicher nichts gegen Behinderte. Nein, Harald hatte einfach nur ein unglaubliches Verlangen nach falsch verstandener Gerechtigkeit. Wenn es nach Harald ginge, gäbe es acht Schilder neben dem Bild. Für jede Behinderung eins. Aber wenn da nur ein Schild hängen durfte, dann ja wohl bitte jenes, das der Höhe der Mehrheit angepasst war. Und Harald war immer die Mehrheit.

Harald war der Nachbar von gegenüber, den man morgens beim Katerfrühstück durch's Fenster sieht und der nur ein T-Shirt trägt, sonst nichts, während er sich tief nach unten zum Kühlschrank bückt. Männer, die nur ein T-Shit tragen, sind mit gigantischem Abstand das Unattraktivste der Welt.
Was bei Frauen richtig geil aussieht, zerstört ein baumelnder Penis mit schrumpeligen hängenden Eiern sofort. Harald war in diesem Punkt völlig schmerzbefreit. Genau so schmerzbefreit wie bei seinen Erziehungsmaßnahmen im Alltag. Harald wies nämlich nicht zurecht und er maßregelte auch nicht, nein, Harald erzog!

Harald war exakt derjenige, der hinter dir in der Supermarktschlange steht und verächtlich schnaubt, wenn du das Fließband-Trennungselement nicht ordnungsgemäß hinter deinem Einkauf platziert hast. Harald war genau der, der dann seine Einkäufe so nah an deine heran legt, dass es aussieht, als gehörten sie zu dem, was du erwerben möchtest. Mit dieser eklig unterschwelligen Geste voll geplanter Beiläufigkeit zwingt er einen dann reumütigst, das Fließband-Trennungselement zwischen die Einkäufe zu schieben. So einer war Harald.
Er war der König unter den Kunden.

Man fragt sich ja häufig, welche Menschen ernsthaft die Fragen bei gutefrage.net beantworten – Harald.

Dieser Besucherbucheintrag erschütterte und beschäftigte mich wochenlang. Ich steigerte mich komplett rein, mir Haralds Wesen bis ins letzte Milli-Detail vorzustellen. Ich suhlte mich darin. Es wurde zu einer regelrechten Obsession.
Wie so oft schob ich gerade einen übertrieben krassen Harald-Film, als ich den Supermarkt betrat. Kurz hinter dem Toast passierte es dann: Eine Schildkröten-Omma versperrte mir den Weg. Den Einkaufswagen hatte sie wie eine Straßenbarrikade vor der EZB quer vor sich gestellt. Ihre Kinnfalten flatterten im Windzug der Gemüsetheke. Der Sprühnebel legte sich sanft auf ihre Knollnase. Die Krampfadern auf ihren unbedeckten Unterschenkeln bildeten das Nildelta originalgetreu ab.
Sie griff unfassbar langsam nach den Paprikas, nur, um sich in genau dem Moment, in dem ich mich an ihr vorbeischieben wollte, umzuentscheiden. Blitzschnell drehte sie sich um und griff nun noch langsamer nach den Kartoffeln vor mir.

Es war schier unerträglich! Ich hatte keinerlei Termine, aber eine unvorstellbare Eile schoss mir in die Glieder. Die Schildkröten-Omma war ein Kackmensch. Sie hatte den ganzen Tag nichts als Zeit. Warum war sie ausgerechnet jetzt im Supermarkt? Ich wollte doch nur normal einkaufen, aber jetzt zwang sie mich, zu warten. Es war vorsätzliche Böswilligkeit. Sie verschwendete meine kostbare Lebenszeit, atmete meine Luft weg.

Ich habe nichts gegen alte Frauen, die unfassbar häßlich sind – so ist halt das Leben – aber die hier regte mich maßlos auf. Ich wollte ihr etwas sagen, das all meine angestaute Abneigung gegen sie in diesem Moment zusammfasste, aber mir entwich nur ein leises:
Kchh Kchh![1]

Ich verspürte das dringende Verlangen, mir den einzigen Einkaufsartikel zu schnappen, der es bei ihrem unmenschlich schnellen Shoppingtempo in den letzten zwei Stunden in ihren Einkaufswagen geschafft hatte. Es war ein Apfel. Ein Boskop-Apfel. Dieser wies zwei Druckstellen auf. Zwei Druckstellen! Wie konnte eine Person, die so langsam einkaufte, in einem Supermarkt, bei dem selbst die Kartoffeln nach Größe genormt sind, zu einem Apfel mit Druckstellen greifen. Sogar gleich zwei Druckstellen. Ich wollte diesen Boskop-Apfel an mich nehmen und wie eine Bowlingkugel den Gang hinunterkullern lassen, in der Hoffnung die Schildkröten-Omma würde ihm nach „eilen".

Als meine Finger gerade den Apfel umschlossen, erschien mir plötzlich Harald Nospe. Er stand vor mir. Nur mit einem T-Shirt bekleidet. Harald blickte mir die tief in die Augen, nickte vielsagend, nahm den Apfel und rollte ihn mit einem diabolischen Grinsen den Gang hinunter.

---

[1] Ja, ich spreche Parsel.

RABAN LEBEMANN

SEBASTIAN

Es gibt nichts, was man sich für Geld nicht kaufen kann, sagt Sebastian, während er an seinem 25€-Whisky nippt und meinem Date nun schon zum dritten Mal an diesem Abend deutlich zu nahe kommt. Wir sitzen in der besten Cocktailbar der Stadt.

Sebastian hat sich dreist in unser Gespräch über die schönsten Reiseziele eingemischt.
Natürlich sticht er mit seinen Berichten über einsame Strände griechischer Trauminseln meine Erzählung über die schönsten Flecken der Ostseeküste um Längen aus. Tina hängt an seinen Lippen und ich stelle gedanklich eine Liste mit 25 verschiedenen Gegenständen in Reichweite zusammen, mit denen ich diesem aufgeblasenen Bonzen an Ort und Stelle sein dämliches Grinsen aus der Fresse prügeln könnte – ohne ihn dabei auch nur eine Sekunde aus den Augen zu lassen.

Wenn ich mich nur ein bisschen strecken würde, könnte ich sicher den schweren Granitmörser erreichen, ein kurzer Schlag gegen die Schläfe – und Ruhe wär´s!
Sebastian trägt Siegelring, rote Bundfaltenhose, ein weißes Poloshirt und hat den Strickpulli aus reinstem Kaschmir lässig über die Schulter geworfen. Außerdem hat er Segelschuhe an! SE-GEL-SCHU-HE! In Frankfurt!

Hier ist weit und breit kein verschissenes Wasser, es sei denn, der Unsympath ist mit seiner bekackten Yacht den Main hochgeschippert.

Ich entdecke aus dem Augenwinkel eine Rolle Küchengarn und frage mich, ob hier die Strangulation mit einem fachmännisch ausgeführten Palstek-Knoten angemessen wäre.
Sebastian sieht also kurz gesagt so aus, als wäre sein Vater Anwalt, seine Mutter Investmentbankerin und die Zahl seiner Zweitnamen länger als die von Karl-Theodor Maria Nikolaus Johann Jacob Philipp Franz Joseph Sylvester Freiherr von und zu Guttenberg, der ja ganz allgemein als echter Sympath in die Geschichte eingegangen ist. Gerade ist er noch ein kleines Stück näher an Tina herangerutscht.
Definitiv das Küchenmesser! – einfach ein kurzer Stich, seitlich in Richtung der Halsschlagader.

Ich versuche, mich aus meinen Gewaltfantasien zu befreien und wieder in das Gespräch einzusteigen. „Also ich glaube nicht, dass man sich Glück mit Geld kaufen kann" – schwerer Fehler. Er beginnt, von seinem Penthouse mit Skylineblick zu erzählen und zwinkert mir mit diesem arroganten ich-bin-dir-überlegen-Grinsen zu!
Tina verabschiedet sich kurz ins Bad, Sebastian rückt auf ihren Sitz und an mich heran und fragt:
„Deine Freundin?"

Ich antworte: „Hoffentlich bald".
Er wirft mir einen vielsagenden Blick zu, der sagt „Nicht, wenn ich es noch verhindern kann!", und zwinkert wieder. Ich sehe einen Löffel... das reicht... es wird dauern, aber dafür ist es umso schmerzhafter für ihn!

Tina kommt zurück.
Er sitzt jetzt zwischen uns und bestellt eine Runde Cocktails für „uns alle". Ich will Ihn davon abhalten, doch Tina grinst mir frech zu, sagt „Danke", und stürzt sich in ein Gespräch über zeitgenössische Kunst! Dass Sebastian auch noch kulturinteressiert ist, passt nur ins Bild!

Als er mich kurz darauf auch noch unter seine gut trainierte Schulter nimmt und zu Tina schauend fragt, wo wir drei Hübschen denn jetzt noch hingehen, stoße ich ganz *aus Versehen* an meine Bloody Mary, die sich auf sein weißes Poloshirt verteilt.
Nicht ganz was ich wollte, aber nah dran, denke ich. Ich entschuldige mich vielmals und nutze die entstandene Hektik, um Tina zu fragen, ob wir nicht noch woanders hin wollten – sie will bleiben!

Ich könnte kotzen!
Sebastian lächelt den Vorfall mit einem Macht-doch-nichts-ich-hab-noch-50-dieser-Shirts-im-Schrank-Blick einfach weg und bestellt mir einen neuen Cocktail!

Meine Blase fängt an zu drücken, es ist unmenschlich, eigentlich tut sie das, seitdem Sebastian Hallo gesagt hat, aber ich wollte nichts riskieren. Jetzt halte ich es nicht mehr aus und muss ihn mit Tina alleine lassen! Ich hetze also zum Pissoir und beeile mich! Aber wie zu erwarten, geht der letzte Tropfen voll in die Hose und ich kann fünf Minuten damit verbringen, diese unter dem Handtrockner wieder fleckenfrei zu bekommen.

„Wo warst du denn so lange?", strahlt Tina mich an, während sie lachend aus seinem Arm fällt. Ich habe den Kampf wohl verloren. „Ja, sorry", stammel ich. Tina und Sebastian lachen zusammen weiter, sie nimmt ihn innig in den Arm, es sieht so vertraut aus, dass ich mir ihre perfekten gemeinsamen Kinder gerade bildlich vorstellen muss. Ich hätte die Sache mit dem Löffel durchziehen sollen.

Tina befreit sich, dreht sich zu mir, er lächelt mich überlegen an. Sie sagt: „Wollen wir los?"
Ich stehe da wie ein begossener Pudel.
„Ja, gerne", sage ich verdutzt. Zum Abschied will ich Sebastian aus Höflichkeit die Hand geben, doch er reißt mich in seinen Arm.
Als wir dann endlich auf der Straße sind, sagt Tina:
„Das war ja ein wirklich interessanter Typ."
Ich kann mein Entsetzen nun kaum mehr verbergen.
Sie fragt: „War es so schlimm für dich?"
Ich nicke...

„Na, Gott sei Dank bist du dann ja mit mir gegangen, nicht?"
Wieder nicke ich.

Vor Ihrer Haustür verabschiedet mich Tina mit einem innigen Kuss. Irgendwas habe ich richtig gemacht! Keine Ahnung, was. Aber das ist gerade auch total egal.
Als ich zu Hause ankomme und meinen Schlüssel aus der Tasche hole, fällt ein Zettel auf den Boden.
Ich hebe ihn auf und lese:
„Schade, dass ich dich nicht für das andere Ufer gewinnen konnte. Wenn du es dir anders überlegst, hier ist meine Nummer. Kussi, Sebastian!"

JAN CÖNIG

REGEN

Regenschwangere, grauweiße Gebilde über der Stadt
Die Sonne perlt längst ab an ihren Oberseiten
Gefüllt sind die Wolken und mehr noch als satt,
bereit, ihre Ladung über uns auszubreiten

Nadelkopfgroße Regentropfen,
die Böden bewässern und Fenster beklopfen
Wassermassen, ein Sinnbild für Leben,
Regenschirme, Regenwürmer – Gewitter eben

Ich sehe im Wind neblige Regenschauer wehen
Ich bin acht Jahre alt und habe Lust, rauszugehen
Während sich Kinder in Gummijacken packen lassen
Beobachte ich sehnsuchtsvoll
                      die schrägen Regenmassen
Meine Sachen sind alle überhaupt nicht wetterfest,
weswegen man mich jetzt
                      nicht nach draußen klettern lässt.
Ich bastle Fische in der Küche, tu als leben sie
Mama holt Klebestreifen und wir kleben sie
Von innen an die Scheibe, Mama sagt: Schau her,
durch dieses Fenster schaust du jetzt direkt ins Meer
Da ist ein Hai namens Kai, ein Seestern, der ist rot
Und mittendrin sitz ich in meinem Unterseeboot
Die Kinder draußen spielen, wo nasser Sand is

Für mich sind sie jetzt alle Bewohner von Atlantis

Mit 16 Jahren ist das alles nicht mehr interessant
Ich bin kein Kind mehr
          Der Wind treibt Regen übers Land
Die Anlage auf Anschlag, Musik will gehört sein
Und ich will wie immer einfach ungestört sein
Ich sehe kleine Wichte, in Regensachen gekleidet,
hab ich die Zwerge tatsächlich mal beneidet?
Wie ich so am Schreibtisch sitze
Und ferne Träume in die Tischplatte ritze,
bin ich unzufrieden, seh die Zukunft nicht klar
und nehme die Außenwelt nur oberflächlich wahr
Kinder in bunten Gummistiefeln springen,
während sie sich schreiend zum Lachen bringen,
bekleidet mit Kapuzen und bunten Mützen,
voll Karacho in krass matschige Pfützen

24! Ausziehen,
schmale vier Wände für ein glänzendes Pärchen
Annika und ich, das ist wie im Märchen
Wir sind uns im stärksten Regen begegnet
Bin mit der besten liebsten Frau gesegnet
Draußen wieder Niederschlag, was macht das schon?
Wir kuscheln uns in Decken auf unseren Balkon
Diesen Moment voll Glück kann ich kaum beschreiben

Ich will für immer hier und jetzt mit Annika bleiben
Meine Ausbildung ist fertig, ich studiere BWL,
manchmal kommt das Glück so schön und so schnell
In der ganzen Wohnung haben wir Kerzen aufgestellt
Hier in dieser Höhle ist unsere eigene Welt

Acht Jahre darauf.
    Es gießt in Strömen, schon sehr lange
Ich gebe auf. Ich liege in der Badewanne
Starre auf Regentropfen, die zueinander finden
Sich auf der Scheibe miteinander verbinden
Mein letztes Lächeln ist Jahre her
32! Und alles fällt mir schwer
Wenn ich draußen in den grauen Regen schau,
werde ich traurig, es ist grausam genau
Annika ist schwanger, aber nicht von mir
Die Wohnung gehört laut Mietvertrag ihr

Ich bin dann wieder zu meinen Eltern gezogen,
fühle mich leer und vom Leben betrogen
Zum Arbeiten bin ich viel zu platt
Der Typ, der keine Kraft mehr hat
Ich lasse mich in die Wanne sinken,
spüre den Drang,
    hier und jetzt zu ertrinken

33 ist die Spitze, ich habe nicht viel Zeit

Ich bin am Puls der Stadt, zu allem bereit
Zuhause endlich raus, mir ist alles egal
Kein Bock mehr auf diese Scheißmoral
Manchmal penne ich 'ne Woche draußen
Jobs fang ich an und lasse sie sausen.
Der Typ von Annika ist im Knast
Sie sagt, sie hat bei mir was verpasst
Ihr Kind erziehen wir gemeinsam
Und mit ihr bin ich nicht mehr so einsam

Wo ich bin, da ist die Spitze
Mein Glück kommt manchmal aus der Spritze
Meine Klamotten sind schon etwas runter
Ich komme bei Gleichgesinnten, neuen Freunden unter
Ich spüre den Regen nicht,
                als sich mein Kumpel den Schuss setzt
Bin völlig benebelt; was denn? Echt schon Schluss jetzt?
Der Rettungswagen kommt etwas zu spät
Langsam denk ich: Krass, wie schnell sowas geht!

Sieben Jahre später, sieben Jahre muss man haben,
ist die Vergangenheit nicht mehr als ein paar Narben
Da war ein Funke in mir, der wollte nicht verderben
Ich entschied mich zu Leben und gegen das Sterben
Meine Kinder sind voll Energie, deswegen
spielen wir Fußball im Sommerregen
Ich bin 40, fleißig, wohlhabend und glücklich,

nehm auf die Familie und meine Freunde Rücksicht
Wir haben ein Haus vor der großen, dunklen Stadt,
die mir kaum noch was zu bieten hat

Lustig, wie das Leben spielt, so viel Dreck
Dann stehst du auf und der Regen wäscht ihn weg.
Man muss einmal mehr aufstehen, als man fällt.
Das ist das Geheimnis; das ist alles, was zählt.
Ich bereue nichts. Da ist niemand, der schlecht ist
Ich weiß aber auch, dass die Welt nicht gerecht ist
Die dunklen Wolken haben sich verzogen
Der Regen weicht einem Regenbogen
Ein Zeitsprung …
    Oft hat es inzwischen gegossen;
Ich habe gelebt und ich habe genossen!

Herr Cönig, sind Sie sehr verwundert?
Der Bürgermeister ist hier. Sie werden 100!
100 Jahre, 100 Gäste, die mir gratulieren
Ich wäre schon froh, würd ich einen Tag nicht frieren
Mein Enkel sitzt teilnahmslos auf meinem Schoß
Die Kinder werden so schnell groß

Als der Regen, der mich ein Leben lang begleitet,
mir einen nassen Glückwunsch bereitet,
rennen alle rein, um zu Essen;
Ich werde einfach draußen vergessen
Ich schaue nach oben, lach dem Wasser entgegen

Du warst da in Glück und Unglück, lieber Regen!
Meine Rollstuhlräder sinken tief in weichen Boden
Einmal gescheitert, dann hab ich mich erhoben

Ich laufe seit Jahren das erste Mal ohne Stütze
Sehe eine riesengroße Pfütze
Hebe – verschmitzt lächelnd – ein Bein
Und springe voll Karacho rein!

Ich bin hier draußen ohne Regensachen
Und keiner kann was dagegen machen.

WIRTSCHAFT

Robin Baumeister

„Wer nix wird, wird Wirt!" Hieß es früher angeblich immer. Sagen die Alten. Heutzutage ist das wohl nicht mehr so einfach. Da muss man dann erstmal ein Start-up gründen. Total *in* diese Start-ups. Erstmal braucht man eine Idee. Irgendwas, was die Leute ganz sicher brauchen, wofür sie aber Unmengen an Geld ausgeben würden.

Dann besorgt man sich jemanden, der programmieren kann. Vorzugsweise einen Asiaten. Das soll jetzt nicht rassistisch klingen. Ist es aber. Die können das einfach am besten. Als nächstes überlegt man sich, wie diese sinnlose Idee umgesetzt werden könnte; bevorzugt in Form einer App. So ist das üblich heutzutage. Du hast Hunger? Da gibt's doch 'ne App für! Du bist einsam? Da gibt's doch 'ne App für!

Dann das Ganze nett verpacken, geschickt vermarkten und seinen Teil zur Wirtschaft beitragen. Schon ist man auch so eine Art Wirt. Zwar nicht mehr im Sinne der Wirtschaft als Gaststätte/Lokal. Aber immerhin.

Das Online-Lexikon meines Vertrauens sagt übrigens: Wirt (Biologie) Als Wirt bezeichnet man in der Biologie einen Organismus, der einen als Gast bezeichneten, artfremden Organismus mit Ressourcen versorgt. Und das passt ja dann auch wieder ganz gut.

In diesem Sinne. Viel Spaß beim Wirtschaftsteil von *Leichen im Größenwahn*.

JAN CÖNIG

DER LETZTE ZUG

„Der letzte Zug", sagt der Mann, der mir gegenübersitzt. Er hat schwarze Haare und ein rundes Gesicht. „Der letzte Zug war ein Fehler." Zwischen uns steht ein Schachbrett. Ich drifte kurz ab und versuche mich zu erinnern, wieso wir hier sitzen. Hier, das ist ein Park in irgendeiner Großstadt. Hier sind viele Spielplätze für Schachvirtuosen, die in stumme Gedanken versunken, abwechselnd auf Schachuhren tippend, um uns herum sitzen. Da fällt mir ein, wieso.

Zwei Wochen vorher. Ich habe wieder angefangen, zu rauchen. Zwei Jahre habe ich es nicht gebraucht. Ich erinnere mich noch fotografisch genau an diesen Moment, betrunken, auf einer Party, als ich, in Smoking und Lackschuhen unter dem Applaus unzähliger Freunde mit goldenen Worten die absolut letzte Zigarette genossen hatte. Damals hatte ich triumphal mit meinem letzten Zug mit dieser Sucht abgeschlossen.

Dann kam sie zurück. Die Magie des Rauchens hatte mich wieder in ihrem Griff. Diese Risikobereitschaft, das Gefühl, giftigen Rauch über die Lunge rollen zu lassen und ihre Leistungsfähigkeit zu zerstören. Das zauberhafte Glimmen des orangeroten Endes in der dunkelsten

Nacht, die Möglichkeit zur ständigen Übersprungshandlung; wie konnte ich zwei Jahre ohne leben?
Außerdem das Glück, 2-5 Minuten dem Alltag zu entfliehen, ohne nichtstuend in der Gegend zu stehen.

Im stinkigen, zugequalmten Raucherraum einer Bar traf ich sie. Oder besser gesagt, in aromatischer Luft, hinter nebulös verschlungen Silhouetten lauerte *die eine* Frau.
Ich bin ein sehr schüchterner Mensch, aber Rauchen ist so schön kommunikativ und ich bin mir sicher, viele glückliche Ehen starteten mit dem klassischen Satz: „Hast Du Feuer?"

Sie war perfekt. Ihr Name ein Geheimnis. Sie verstand mich, ich tauchte unter in ihren Augen und sie grub nach dem Schatz in meiner Brust.
Elektrisches Knistern, wenn sich unsere Finger scheinbar zufällig berührten, synchron aschten wir unsere unschuldig weißen Konsumprodukte ab und als wir uns trennten, gab sie mir ihre Nummer.
Wir schrieben uns elektrische Briefe, telefonierten schnell und ihre Stimme fing mich auf, obwohl ich gar nicht fiel.

Dann kam schnell die Angst. Sie wollte sich mit mir treffen. Ich rauchte zwölf Zigaretten bei der bloßen Vorstellung. Da gab es so viel, das ich falsch machen konnte.

Konnte ich diesem perfekten Menschen genug sein?
Konnte ich solange meine Schwächen überspielen, bis sie mich heiratete?
Würde ich es aushalten, diesen Menschen irgendwann ziehen zu lassen, das Paradies gesehen zu haben und den Weg versperrt zu wissen?

Mit kleinen, perfekten Zähnen nagten die Zweifel an meinem Ego und zerstörten mein Selbstbewusstsein, wie das Nikotin meine Lungenbläschen.
Trotzdem trafen wir uns. Und trafen uns wieder.
Und unsere Lippen trafen sich. Und trafen sich wieder.

Ich saß irgendwann im letzten Zug und fuhr nach Hause. Es gab keine Fehler. Alles war perfekt. Das Fundament stand, ganz ohne Risse. Und doch konnte ich es nicht wahrhaben. Manchmal ist die Angst vor dem Scheitern stärker als die Ahnung von Glück. Und wie schon in der Vergangenheit nahm ich die Mittelmäßigkeit meines Lebens feige in Kauf, um keine Höhen kennenzulernen, die ich herunterfallen konnte. Ich brach den Kontakt ab. Ich blieb stur, auch wenn in mir die Liebeslyrik tobte.

Diese Haare, Millionen, die ihrem Kopf entschweben, unbändig geschwungen, lockiges Leben.
Die Augen, diese tiefen, diese schönen dunklen Sterne, inmitten des schönsten Antlitz' der Erde.

Die Stupsnase, der perfekte Mund,
                der meine Sinne raubt
Dieses Lächeln, das an meine Witzigkeit glaubt.
Und so weiter.
Die nächsten Tage schloss ich mich ein und verkam.
Ich wollte keine Nachrichten von draußen, schaltete das Handy aus. Ich wollte nur schlafen und traurig sein.

„Schachmatt!", sagt der Mann im Park. Und er hat recht.
Ich bin richtig scheiße im Schachspielen. Aber nach sechs Tagen in meiner Wohnung musste ich mal raus. Allein schon, um mal wieder einen Grund zum Duschen zu haben und um frische Luft zu atmen. Ich ging also ziellos durch die Straßen, kam an den Park und ging hinein. Dann sah ich sie. Meine Traumfrau saß mit Freundinnen auf einer Decke, erblickte mich, lächelte und stand auf.
„Hey, was machst Du denn hier?", fragte sie und ich schaute mich in Panik um. Da sah ich den freien Platz am Schachbrett. „Ich spiele hier Schach."
Sagte ich und dachte, ich wäre raus der Nummer.
Leider hat sie gewartet, das ganze Debakel aufmerksam verfolgt. Der Mann mit dem runden Gesicht sammelt seine Schachfiguren zusammen und geht. Sie bleibt.
Am Himmel ziehen die Störche nach Ägypten. Sie ist noch da. Die Störche sind außer Sicht. Ich würde mich gerne den Zugvögeln anschließen, doch es ist zu spät, denn für dieses Jahr war es der letzte Zug.

GAX AXEL GUNDLACH

AUGMENTED IRREALITY

Vergrößert, erweitert, vermehrt, erhöht, angereichert –
augmented! Eine tolle Sache für alle, denen die Realität
zu langweilig ist – oder wahlweise zu undurchsichtig!
Auch ich bin auf das Produktversprechen dieser Digital-
wirtschafter reingefallen:
Werde zum besten Klugscheißer der Welt!

Wie alles, was heutzutage toll und Industrie 4.0 ist,
beginnt auch die *Augmented Reality* mit dem Download
einer App! Und der Eröffnung eines Paypal-Kontos.
Digitales Einbildungsvermögen
– Vorstufe zum Offenbarungseid! –
Aber egal, ... man kann eh nix mitnehmen.
WLan stabil, also downloaden!

Schon kann man mit seinem Schlauphone durch die
Stadt laufen und sich die gut gescannte Welt im
Realitäts-Virtualitäts-Kontinuum erklären lassen.
Da Denkmal: *Goethe, deutscher Dichter!*
Gut, den hätt' ich auch grad' noch so erkannt
Hier Hochhaus: *Deutsche Bank*
  Ah, 6000 Strafverfahren wegen Geldwäsche und Steu-
  erfluchthilfe anhängig!
Klar, hätt' ich aber auch getippt.
Oder hier im Schaufenster:

Outdoor Wendejacke Sommer/Winter 800€,
In vier Farben:
senfbeige, umbrabeige, ultrabeige und kackbeige
bester Preis online: 212€
Hergestellt in Bangladesh, Produktionskosten: 9€
CFO Steuerstrafverfahren – link zu: Deutsche Bank!

Und was mit toten Geständen klappt, das geht ja auch schon mit Untoten. Also mit Personen, so über Gesichtserkennung. Die notwendigen Informationen zieht sich mein Programm dann aus den asozialen Medien:
Schmidt, Susi, 27, ledig,
arbeitet als Flexikantin in Werbeagentur
Hobbies: Biken, Backen, Teufelsdreier
Ist nächsten Samstag mit Freundinnen in Disco „Ciao"
Achtung: viele Hautarztbesuche!
Soll die Krankenakte nach Diagnosen untersucht werden?

Oder der ganzkörpertätowierte Zwei-Meter-Typ, der Susi grad von der anderen Seite anquatscht:
Stalin, Vladimir, 42, selbstständiger Unternehmer,
arbeitet hier: Moskau Inkasso
28 Vorstrafen wegen Körperverletzung
Mag Blümchenunterwäsche,
mag keine Witze über Blümchenunterwäsche
Hoffentlich mag er Hautarzttermine.

Ja, das sind schon erweiterte Informationen, die einem helfen, das eigene Verhalten spontan vermehrt auf die Umwelt abzustimmen.
Das nützt aber wenig, wenn man dafür Vladi Stalin das Handy vor die Fresse halten muss. Viel zu auffällig!
Zuletzt hab ich da ein paar Mal Ärger gekriegt
Hier guckst du misch? Ich sag dir, guck misch net an!

Also kauf ich mir so 'ne Googlebrille.
Die erste Testperson wäre mein Mitbewohner Gonzo:
34, vollledig, Student der Sozialwissenschaften auf Lehramt im 28sten Semester, nebenbei Kleindealer
Hobbies: pennen, Scheiß erzählen, weiterpennen
Ich kenn ihn halt gut
OK, denk ich, schau ich mir mal durch meine neue Googlegucker an. Hat's mich fast vom Hocker gehauen:
Krassmann, Bernd, andere Namen: the big G.
Software-Manager, arbeitet bei: Google-Apple-Holding
Zweitjob: Model-Scout für Pentboy Playhouse
Hobbies: Speedboat, Ferrari, Monte Carlo

Ich schau Gonzo an
Er zuckt mit den Schultern als wollte er sagen:
Sonst krieg ich nie irgendeine ab
Stattdessen sagt er: „*Läuft bei mir!*"

Ja, vergrößert, erweitert, vermehrt, erhöht, angereichert
– wer wäre das nicht gern?

Ah, jetzt verstehe ich, wie die *Augmented Reality* in Wirklichkeit funktioniert. Aber es dauert, bis man raus hat, wie man seine Profile auf Facebook, tinder, youporn und im selbst verfassten Wiki so getuned hat, dass man in der Brille der anderen auch richtig rüberkommt.
Ich will ja nicht, dass alle Leute in ihrer AR als erstes so Sachen über meinem Kopf eingeblendet sehen wie:
Arbeitslos, deswegen viel Zeit für Poetry-Slams ...
3 Freunde auf Facebook,
in Klammern: alle denselben Nachnamen
Haftbefehl wegen Steuerhinterziehung, #Schweiz
Da muss man schon für sorgen,
dass da die richtigen Infos erscheinen:
Sabbatical vom Vorstandsposten,
um Buch zu schreiben,
333 Freunde auf Facebook,
in Klammern: davon 300 weiblich, jung, ledig
Finanziell unabhängig, #Schweiz.

Klappt! Andere Menschen mit AR-Apps schauen mich auf einmal freundlich an. Junge, unterernährte Damen lächeln mir zu.
Und dann kann man *naked truth* hochladen.
Nein, das ist keine Röntgen-App; viel besser:
So' ne Art Mind-Reading-Mentalisten-App
Da sieht man dann immer die echten Gedanken der Menschen in so Sprechblasen über ihren Köpfen schweben.

"Warum soll ich Dir Arsch sagen, wie's mir geht?"
"Ob er schon ahnt, dass er gefeuert wird?"
"Ich hätt gern Sex mit dem Mann meiner besten Freundin!"
Oh, blöd, das war ja die Selfie-Kamera.

Und am Anfang findste das ja noch lustig. Aber dann gerät man in Situationen: da stellt man fest, dass es von der Natur ziemlich gut eingerichtet ist, dass man nicht immer weiß, was der andere grade denkt.
Vor allem wenn der andere eine Frau ist!
Eine, die Frauenromane liest – und dann tagträumt.
Beim Speed-Dating!

Und du siehst in deiner Brille ihre Gedanken:
Oh, der sieht aber nicht aus wie ein Doktor
Oder:
So ein bisschen Bauch ist ja ganz kuschelig, aber wenn er seinen Schwanz noch nicht mal mehr im Spiegel sehen kann, nee ...
Oder:
Jetzt hab ich ihm schon zum dritten Mal ein Pfefferminz angeboten, ... und der merkt's nicht!

Und dann kommt der Moment, wo in deiner Brille erscheint, dass sie grad bemerkt, dass du dieselbe App wie sie in ihrer Brille offen hast. Und dann versuchen beide möglichst an gar nichts mehr zu denken.

Und das ist ein Speed-Dating, bei dem man sich so vorkommt, als wär man schon 20 Jahre verheiratet.

Aber weil das auf Dauer ja nur deprimierend ist, kann man dann 'ne andere App hochladen: *Pink World!*
Die macht dann das Ding zur rosa-Googlebrille.
Dann sieht man dann nur noch die schönen Seiten des Lebens. Die Hälfte aller Weiber werden einfach aus dem Streetview ausgeblendet. Und so gut wie alle Männer.
Selfie – nicht mehr möglich!
Mist! Ich hab mich selbst ausgepinkt.
Ich bin eine unakzeptable Masse Mensch für die Rosa-Brille. Da gibt es nichts mehr zu beschönigen.

Das muss besser gehen:
Ich melde mich freiwillig als Versuchs- und Irrtumskaninchen. Die Operation ist ein voller Erfolg. Jetzt werden die Infos von der Linse direkt in mein Auge projiziert. Kamera am Ohr implantiert, Tonabnehmer aufm Trommelfell. Alles verbunden mit dem Mini-Mega-Rechner in meinem blauen Zahn.

Und jede Menge neuer Apps. Auch eine, mit der ich die Pinkworld-Brille wieder austricksen kann.
Per WLan erscheine ich als Hologramm James Franco oder Mark Wahlberg – je nachdem ...
Jetzt darf sie nur beim Sex bitte, bitte Ihre Brille nicht abnehmen ...

Und falls doch: *Magneto-Mind-Control-App*
Dann überspiele ich einfach Gedanken direkt in ihr Hirn.
Ganze Passagen von Rosamunde Pilcher, Karen Rose
und Fifty Shades of GAX!
Einfach rein in die Birne.

Aber die Magneto-App zieht total viel Strom.
Da kannste zugucken, wie die Nadel fällt.
Zum Glück, für solche Fälle habe ich ein implantiertes
Notstromaggregat. Ein Trafo, der sich die Energie direkt
aus meinem Trapezmuskel saugt.

Und jetzt wird's langsam albern:
Oben Gedanken kontrollieren!
Unten kopulieren!
Und dann noch mit dem Arm wedeln!
Jetzt bloß nicht schlapp machen ...

Der Ausnahmefehler 942 ist aufgetreten
Bitte starten Sie ihr Gehirn neu ...

Der Ausnahmefeh... 942 is.. auf...
Bitt.. ..arten Sie ... ..hirn ..eu ...

JEY JEY GLÜNDERLING

TINDER

Das Prinzip ist simpel: Man nehme eine Zielgruppe zwischen 18 bis 35 Jahren, die Single sind und ein Smartphone besitzen. Man lasse sie sich über ihren Facebook-Account einloggen und übernimmt die Profilfotos.
Nun wird der eigene Standort bestimmt und schon werden Nutzer des sexuell präferierten Geschlechts vorgeschlagen. Durch das Wischen auf dem Display nach links bekundet man sein Desinteresse. Wenn man jemanden optisch ansprechend findet, wischt man nach rechts. Finden sich zwei Personen gegenseitig attraktiv, kommt ein sogenannter Match zustande und man kann miteinander chatten.

Alle sagen, Tinder sei bloß eine Dating-App, aber es ist so viel mehr. Tinder ist pure Macht. Auf Tinder wurde ich aufmerksam, so wie es jeder wurde: Ein Freund von mir hatte Eine durch Tinder klargemacht. Ich hielt Internetdates bis dato immer für Schwachsinn. Doch schon nach kurzer Zeit war ich dem Tinder-Rausch verfallen.
Ich bereute sofort all diese Drinks, die ich mir früher reingeknallt hatte, nur um Eine anzusprechen. All das Kotzen, weil ich dabei zu übermotiviert war. All diese dummen Stunden in versifften Clubs, in denen ich Frauen hintergejagt hatte, welche außerhalb des Diskolichts

gruselig aussahen. Denn ob man wirklich richtig steht, sieht man, wenn das Licht angeht.

Doch während ich eher so nebenbei tinderte, rastete mein Mitbewohner Rico völlig darauf aus. Jeden zweiten Abend kam er mit einer anderen nach Hause und dazu sei gesagt, dass Rico echt 'ne ziemliche Bratze ist. Er brüstete sich penetrant für seine durch Tinder geklärten One-Night-Stands und stellte andauernd in meinem Zimmer alle möglichen Stellungen nach. Ständig klatschte er mir sein Handy in die Fresse und zeigte mir bei Tinder ein neues Foto von irgendeiner überschminkten Drölf-Jährigen. Also beschloss ich, ihn dort zu verarschen, wo es ihm richtig wehtun würde.

Ich erstellte also ein Fake-Tinder-Profil der perfekten Frau. Drei Bilder: Auf dem ersten saufend, auf den zweiten saufend und auf dem dritten Komplettschaden. So eine richtige Partybraut, die verkatert über den Laufsteg in Mailand torkelt. Eine versaute Frau mit Stil. Ich nannte sie Carmen.
Jetzt musste ich nur noch warten, bis Rico anbiss. Daher vertrieb ich mir die Zeit damit, mir mal die Typen bei Tinder anzugucken. Alle hatten so mega verwegene Profilfotos, auf denen das Dämmerlicht die markanten Gesichtszüge hervortreten lässt. Alle hatten dabei den Malboro-Cowboy-Blick drauf. Sie schauten fokussiert mit einem Schuss Verträumtheit in die Ferne, als hätten sie

eine Vision, an der sie ein Leben lang festhalten würden. Und dann sah ich meinen Chef. Auf dem Foto sah er fett aus wie immer. Wisch nach rechts. Match. Unglaublich.

„Hi Carmen, was geht bei dir", schrieb er sofort.
„Nix, bei dir?"
„Noch nix! ;-) Bock auf'n Treffen?"
„Nee, hab meine Tage."
„Geil!"
Hatte mein verheirateter Chef die Menstruation einer 23-Jährigen gerade mit „Geil" kommentiert?
Mich ergriff ein achtstündiger Cocktail aus Dauerekel und Fremdscham à la Stromberg. Doch dann dämmerte es mir langsam.
Hier bei Tinder waren sie: alle Männer, die mich umgaben. Hier striffen sie notgeil umher wie die Hyänen. Und mir wurde in diesem Moment klar: Ich hatte sie alle an den Eiern.

Ich schrieb also direkt meinem Chef: „Okay, du Hengst. Komm morgen um 14 Uhr nach Nieder-Eschbach und dann geht's mies ab!"
Am folgenden Tag hatte ich ab 14 Uhr frei. Die so gewonnene Zeit nutzte ich, um mein auf Tinder fußendes Machtimperium weiter auszubauen und Gott schenkte mir einen Match mit meinem eigentlichen Erzfeind: meinem Vermieter, diesem Penner.

Seit zwei Jahren schrieb ich ihm regelmäßig Emails mit der Bitte um ein neues, regendichtes Fenster. Nie kam eine Antwort.

Also schrieb Carmen meinem Vermieter bei Tinder, dass sie im Büro gegenüber meines Hauses arbeite. Jeden Tag starre sie auf die schäbigen Fenster des Gebäudes (in dem ich zufällig wohnte). Das stimme sie sehr traurig, allerdings mache sie der Anblick schöner, neuer Fenster so richtig rallig – seitdem habe ich ein sechsfach verglastes, sich automatisch auf Klatschzeichnen öffnendes Fenster.

Nach zwei Tagen kam endlich der Match mit meinem Mitbewohner Rico zustande. Alle zwei Minuten kam er in mein Zimmer gestürmt und erzählte mir mit einem Lüstlingslächeln von dieser unfassbar heißen Carmen, die ihm bereitwillig ihre Tattoos nahe der Vagina beschrieb.
Rico sprang voll drauf an und machte vor Carmen einen auf alteingesessener Wein-Connaisseur. Kurz darauf war endlich der Tag des realen Zusammentreffens zwischen den beiden gekommen.

Wir warteten mit versammelter Mannschaft auf Rico in einer Bar. Er kam überpünktlich, in seinem Schritt zeichnete sich eine stattliche Latte ab. Er eilte ohne uns wahrzunehmen wie ein Gestörter zu einer Frau, die hinter uns saß.

Der Schreck fuhr mir in alle Glieder, denn die Frau hatte erstaunliche Ähnlichkeit zu meiner Tinder-Carmen.
Sie saß alleine, Rico kam mit ihr ins Gespräch. Als wir zu ihm gingen, um alles aufklären, war es schon zu spät. Rico hatte ihr bereits unbemerkt eine Elefanten-Portion Roofies ins Getränk geworfen und sie hatte es geext. Roofie-Rico ging in seiner Dosierung stets auf Nummer sicher. Der Kopf des Mädchens schlug umgehend auf der Tischplatte auf.

Zum Glück hatte ich kurz zuvor den 45-Jährigen Tierarzt Manfred bei Tinder kennengelernt. Zehn Minuten später war er vor Ort und kümmerte sich rührend um das Mädchen, das zu seinem Unglück leider wie die fiktive Carmen aussah.
Wir flüchteten.
Ich löschte Tinder. Der Verantwortung war ich einfach nicht gewachsen.
Und Tinder ist es, glaube ich, auch nicht.

RABAN LEBEMANN

DIE FUCKIT-LISTE

Meine Freunde hassen mein Leben!
Das sagten auf jeden Fall all Ihre Geschenke zu meinem letzen Geburtstag. Nein, Sie sagten es nicht, sie schrien mich förmlich an!
„ALTER, MACH MAL WAS AUS DEM SCHEISS, DEN DU LEBEN NENNST!!!"

Ich bekam ausschließlich Bucket-Listen-Bücher geschenkt z.B.:
„70 Dinge, die ein Mann bis 30 zu erledigen hat."
(Ich hab 10)
„100 Orte, die man vor dem Tod gesehen haben muss."
(15)
„250 Feste, die man mitgefeiert haben sollte." (23)

Einzig bei „300 Gerichte aus aller Welt" (230 von 300) bin ich auf einem richtig guten Weg.
Was aber den Sinn des Buches „100 Fittnesübungen für zwischendurch" erklärt.

Bis jetzt hatte ich nur auf meiner ganz persönlichen Fuckit-Liste, also der Liste der Dinge, die man auf keinen Fall machen sollte, wirklich gut gepunktet. Hier ein kleiner Auszug:
Mit der Freundin des besten Freunds schlafen

Mit der Erzfeindin der Ex Schlafen
Haarausfall
Das Ende von „Lost" schauen
Das Ende von „How I Met your Mother" schauen
Das Ende von „Dexter" schauen
„Star Wars" Episode I bis III schauen
Den „Hobbit" schauen
„Game Of Thrones" Spoilern
Dean Hamphrey als Gossip Girl outen
„Twilight" lesen, schauen oder drüber reden
Für nen Bachlor mehr als sieben Jahre brauchen
Beim Paintball spielen in kurzer Hose auflaufen
Ein Bier mit dem Auge aufmachen
Handkäs mit Messer und Gabel essen
Äppler mit Limo mischen
Single Malt Whisky mit Eis trinken
Aperol Spritz
Crocs
Tofu
Sandalen mit Socken
Bei der Angabe seines Alters konsequent lügen
Festivalbändchen von vor Jahren an den Armen
Kragenhoch Polo tragen
Casper zitieren, ohne es deutlich kenntlich zu machen
Betrunken der Ex schreiben – nachts um 3 –
Vorher rausziehen, weil das als Verhütung reicht, bei nem ONS
An 48h Deo glauben

Sich auf 48h Deo verlassen
48h stinken
Am Valentinstag in einem Kino jeden zweiten Platz reservieren, um Pärchen zu ärgern.
23 von 31, Tendenz klar steigend.

Doch die Bücher inspirierten mich und ich hatte das Gefühl, etwas nachholen zu müssen. Um Zeit und Geld zu sparen, beschloss ich Kosten/Nutzen-optimiert vorzugehen und mehr zu erleben!
Schwimmen mit Delphinen! Geht auch in Oberhausen, im Sealife. Ist zwar verboten, besonders wenn man die Delphine mit dem Fisch aus dem Nachbarbecken, den man gerade mit seinen eigenen HÄNDEN gefangen hat, anfüttert. Aber sich nackt zur Flipper-Melodie singend durchs Becken ziehen zu lassen war es wert! Außerdem gab es die Nacht im Knast noch oben drauf! Also 3 in 1 – herrlich. In dem Tempo würde das ein Kinderspiel!

Ich kombinierte also so gut es ging! Den Weg zur Arbeit legte ich abwechselnd mit dem Rad, zu Fuß oder schwimmend zurück, um für den Iron Man zu trainieren. In meiner Freizeit probierte ich nur Neues aus, Freeclimbing, Bobby-Car-Rennen fahren, Wurst selber herstellen, Texte schreiben, Salsa, Auftritte als Drag Queen.
Meine Fotowand wurde immer voller: ich jetskifahrend beim Springbreak in Florida mit einer selbstgedrehten Zigarre, Free Diving am Great Barrier Reef mit dem wei-

ßen Hai, Baby-Robbenjagd am Nordpol während eines Schneesturms und ich beim Astronauten-Parabelflug-Training in Russland.
Ich werde übrigens kein Astronaut, und die Reinigung einer 757 kostet 'ne Stange Geld. Aber meine Bilder von all den schönen Orten bekamen bei Facebook mehr *likes* als die Raban Lebemann Fanpage jemals haben wird! Ich war im Bucket-Listen-Fieber und meine Bekannten feierten mein Leben!

Doch der kleine Ich-bin-nicht-zufrieden-Mann aus Lammbock hatte die Kontrolle über meinen Kopf übernommen! Ich wollte immer mehr!
Probieren, wie Heroin wirkt, wissen, wie Hundefleisch schmeckt, Sex im Freien, vor einer Kamera, mit mehr als vier mir unbekannten Menschen.
Es wurde eine Sucht!

Als ich dann eines Abends auf Instagram und Facebook wieder die unzähligen Bilder von Menschen beim Abhaken von Punkten auf Listen sah, wie sie sich mit einer Selfie Stange vor irgendeinem Strand, oder vorm Taj Mahal ablichten ließen, oder wie wieder irgendjemand einen Scheiss-Gipfel mit seinem Kack-Fahrrad erklommen hat, oder 27 km in 2:50h gelaufen ist,
oder oder oder, wurde mir klar:
Ich hatte mein Leben dem Erleben untergeordnet.

Während ich im Sonnenuntergang mit Wein und Kippe auf meiner Fensterbank saß und diese Zurschaustellung sah, merkte ich, dass Leben genau das ist, was zwischen den Dingen passiert, die man plant. Dass mich genau dieser Moment jetzt glücklich macht. Und nicht mein geplanter Road Trip durch Südostasien mit einem solarbetriebenen rosa TukTuk.

Die meisten Dinge, die ich immer noch feiere, stehen außerdem auf meiner Fuckit-Liste:
Das Candlelight Dinner bei MC Donalds mit der Veganerin. Faschingszoll im Sommer eintreiben, mit Mitte 20, ohne Verkleidung! Auf 'ner Techno Party den DJ anscheißen, warum er verdammt noch mal nichts von OASIS spielt!! Ist halt 'ne geile Band.
Besoffen statt 10, 1000 € abheben, 'nen Döner kaufen, sich auf dem Heimweg auf die Fresse legen, dann am nächsten Morgen wundern, wo das viele Geld und die blauen Flecken herkommen, kurz glauben, man wäre ein richtig harter Babo und hätte jemanden abgezogen, aus Scham dann alles spenden und im nächsten Monat die Miete nicht zahlen können.

Wenn ich mal wieder das Bedürfnis haben sollte, irgendeinen Punkt abzuhaken, veröffentliche ich einfach meine Fuckit-Liste als Buch. Denn ein Buch schreiben steht dann doch irgendwie auf meiner Liste ...

ROBIN BAUMEISTER

MENS@RIA

Ich sitze in der Mensa meiner Uni. Wobei die Mensa nicht Mensa heißt. Irgendein kreativer Kopf hat ihr den Namen *Mens@ria* verpasst. Was für ein Freigeist.
Ich kann mir die Beratungsmeetings des offiziellen Ausschusses für korrekte Unimensa-Benennung bildlich vorstellen:
„Wie könnten wir unsere Unimensa nennen?"
„Unimensa? Das, was sie ist?"
„Nein. Das ist für die ganzen individuellen Freigeist-Studenten von heute nicht hip genug.
Dann gehen sie bestimmt lieber zum Campusdöner."
Langes Schweigen.

„Ich hab's! Mens@ria.
Eine Mischung aus Mensa und Cafeteria."

Teufelskerl.
Aber der Kaffee ist dünn und steht Krankenhauskaffee in nichts nach. Ich habe mich daran gewöhnt, ihn schwarz zu trinken. Einerseits, weil ich die Kondensmilch aus dem riesigen Edelstahlbehälter nicht ertragen habe.
Andererseits, weil ich bei Navy CIS gelernt habe, dass Marines ihn schwarz trinken.
Ich bin ein Marine. Ein Navy Seal. Meine Mission: in das feindliche Gebiet, Deckname *Campus,* eindringen, die

Hörsäle infiltrieren und die Mission Codename *Bachelor-/Master-Studium Physik* abschließen. Dauer der Mission: ungewiss.

Vielleicht ist Mens@ria auch eine Mischung aus Mensa und Pizzeria. Aber Pizza gibt es hier selten. Dafür Pommes. Jeden Tag werden so viele Pommes in der Mens@ria frittiert, dass man bereits nach einem zehnminütigen Aufenthalt riecht, als hätte man sein Leben lang in einer Imbissbude gearbeitet.
Das Fett setzt sich in deinen Poren fest und du wirst den Gestank nie wieder los. Außerdem liebt die individuelle neohippie-eske Dreadlock-tragende vegane Studentenschaft von heute Pommes. Das habe ich während meiner mittlerweile drei Jahre andauernden Mission gelernt.

Ich weiß allerdings immer noch nicht genau, warum? Meine Theorie hierzu ist, dass es sich um einen Ausdruck der durch den Auszug von zu Hause neu gewonnen Freiheit handelt.
„Guck mal, Mama. Ich bin jetzt erwachsen.
Ich kann Pommes essen, wann ich will! HA!"
Sehr erwachsen.

Um die Theorie bestätigen zu können, muss ich allerdings noch mehr Daten sammeln. Das machen Physiker: Theorien aufstellen, Daten sammeln, auswerten. Aber ich bin kein Physikstudent. Ich bin ein Marine im Pelz eines Physikstudenten. Und die Tarnung funktioniert: Ich trage einen Batman-Zip-Pullover, eine Batman-Umhängetasche und halblange out-of-bed-mäßig verstrubbelte Haare.

Ich habe mich 13 Jahre auf diese Mission vorbereitet. Im Bootcamp *Schule*. Meine Ausbilder hatten mir gesagt, dass es hart werden würde. Dass das, was ich in der Ausbildung gelernt hatte, nur in den seltensten Fällen ausreichen würde, um den Stoff zu bewältigen, mit dem ich während der Mission tagtäglich konfrontiert würde. Dass es Momente geben würde, in denen ich am liebsten die Flucht ergreifen und in den sicheren Heimathafen würde zurückkehren wollen.

Doch ich bin noch hier. Ich sitze in der Mens@ria und frage mich, wer auf die Idee kam, das erste a durch ein @-Zeichen zu ersetzen.
Zurück beim Meeting:
„Hmm. Also Mensaria ist schon ganz schön hip. Aber wie wär's, wenn wir das a in Mensa durch ein @ ersetzen würden? Das wäre doch klasse! Ein super Alleinstellungsmerkmal."
AM ARSCH! DAS IST NICHT COOL!! DAS IST DUMM!!
Was soll das überhaupt bedeuten? Mesätria?
Wofür steht das @?

Aaah klar. Das steht für die moderne Kommunikationswelt, in der wir leben. Handys, Breitbandinternet, Whatsapp, Instagram, Facebook. Die Mens@ria ist ein Platz des gegenseitigen Austauschs und der Kommunikation – solange diese auf elektronischem Wege stattfindet.

Und es funktioniert:
Von meinem Platz aus beobachte ich einen Tisch voll G8-geplagter Erstis, denen gerade der erste Flaum im Gesicht wächst. Sie alle halten ihre Smartphones in den Händen und unterhalten sich ausschließlich per Whatsapp miteinander.
Welcome to the Brave New World.
Mens@ria: Connecting People.
Empowering people since ach keine Ahnung fick dich.

Unter meinem schlabbrigen Batman-Kapuzenpulli trage ich ein He-Man-T-Shirt mit dem Abbild des männlichsten Manns der Welt und der Aufschrift:
„I have the Power!"
Vor mir steht mein fünfter Kaffee – wirkungslos.
Mein T-Shirt lügt. Es hat sich ausgepowert. Seit Monaten fließt schwarzer Kaffee durch meine Adern.
Hallo.
Mein Name ist Robin Baumeister.
Ich bin ein Marine im Studentenpelz.

Obwohl Studenten faul sind, die Hälfte des Jahres Semesterferien haben und die andere Hälfte nur Party machen, bin ich müde. Und ich beleidige wahllos Leute, wenn ich müde bin!
Ihr Arschgeigen!

Eigentlich bin ich ein sehr umgänglicher Mensch, aber ich habe selten Lust, mit anderen Menschen zu reden.
Ich arbeite am liebsten nachts, weil ich das Gefühl habe, nur dann meine Ruhe zu haben. Wenn alle anderen schlafen. Außerdem ist dann das WLan besser.

An manchen Tagen strotze ich so vor Selbstbewusstsein und Selbstüberschätzung, dass ich mich für ein unterschätztes Genie halte.
An den anderen Tagen bin ich so sehr von Selbstzweifeln zerfressen, dass es wehtut.
Dann fühle ich mich wie das @ in Mens@ria:
Existent, aber sinnlos.

Das würde ich so aber niemals zugeben.
Denn wenn es um mein Innenleben geht,
bin ich vor allem eins:
Ein Lügner.
(Ich bin gar kein Marine.)

FEUILLETON
GAX Axel Gundlach

Das Feuilleton ist das Blättchen, das „als journalistische Darstellungsform in betont persönlicher Weise die Kleinigkeiten und Nebensächlichkeiten des Lebens schildert und versucht, ihnen eine menschlich bewegende, erbauende Seite abzugewinnen!" Sagt Wikipedia.

Und da hat es mal wieder Recht, das Wiki: Denn grade der Versuch, dem Leben menschlich bewegende und erbauende Seiten abzugewinnen, unterscheidet das Blättchen unterm Strich von Politik, Wirtschaft oder Gesellschaft. Rein kategorisch.

Wohingegen der gehobene Feuilleton-Journalist aber vor allem vor den Kollegen in der Kulturredaktion besonderen Wert darauf legt, vom Leser durchschnittlicher Bildung nicht gleich oder besser gar nicht verstanden zu werden, ist es beim feuilletonistischen Slamtext anders:

Zwar sind auch unsere Texte „literarisch, im Plauderton oder auch humorvoll gehalten" (auch Wiki), aber da wir fürs gesprochene Wort vor Publikum und im Bewusstsein eines strengen Zeitlimits schreiben, lohnt sich der schräg verklausulierte Hochbildungsbürgerton des erhabenen Feuilletonismus nicht; denn damit kommt man auf keinen Fall in die nächste Runde!
Und die beginnt hier!

ROBIN BAUMEISTER

GROSSSTADTGEFLÜSTER

Prolog: Morgendämmerung

Die einzige Zeit des Tages, in der vollkommene Stille herrscht.
Die Nachtschwärmer sind längst heimgekehrt und liegen friedlich in ihren Betten. Die Frühaufsteher sind kurz vor wach. Und die Vögel stimmen gerade ihre Stimmen für die Morgensymphonie.
Ich bin schon unterwegs, genieße diese Zeit, in der die ehrlichen Verbrecher ihre Räubereien und Einbrüche längst erledigt haben und den subtileren Ganoven weichen, die täglich in den Banken und Kanzleien dieser Welt ihr Unwesen treiben.

Ich schreite den dunklen Asphalt der Fußgängerzone entlang. Noch ist sie menschenleer, doch in weniger als einer Stunde wird sie überfüllt sein von der allmorgendlichen Hektik. Die eiligen Schritte der Passanten werden von den Fassaden der umliegenden Wolkenkratzer widerhallen und vermummte Gestalten, den Blick starr auf den Asphalt vor den nächsten Schritten gerichtet, werden ihrem Tagwerk nachgehen.
Ich sauge gierig die nach Teer und ein wenig nach Freiheit schmeckende Morgenluft ein. Irgendwo in den matten Schatten der Nebengassen, denen nicht einmal die

Ratten Besuche abstatten wechselt vermutlich gerade ein Tütchen mit weißem Pulver den Besitzer.
Irgendwo in den tiefen Winkeln der Stadt schreit vielleicht ein Kind. Oder es bellt ein Hund in seinem Zwinger. Doch ich höre nichts. Gehe unbeirrt weiter.

1. Akt

Auf meinem Weg treffe ich auf den Frettchenmann, einen Obdachlosen, der einem seine Lebensgeschichte erzählt, wenn man einen oder zwei Euro locker macht. Zum ersten Mal habe ich den Frettchenmann vor zwei Jahren getroffen. Einsam und verlassen stand er in der großen Halle des Hauptbahnhofs, seine einzigen Weggefährten: zwei Frettchen, die er liebevoll in einem Beutel mit sich herum trägt.
Der Frettchenmann ist ein Träumer, kein Vagabund. Die Finanzkrise habe ihm alles genommen, erzählt er mir bei unserer zweiten Begegnung.
Er habe einen Traum:
Das menschenleere, verstrahlte Areal um den Kernreaktor in Tschernobyl strahle eine gewisse Art postapokalyptischer Romantik aus, die er gerne mit den eigenen Sinnen erleben würde. Im Computerspiel habe er das verlassene Areal schon zig mal erkundet.

Damals. Als es für ihn noch einen Computer gab. Heute würde er belächelt, wenn er jemandem auf der Straße davon erzählt, beichtet er mir.
Ich belächle ihn nicht. Doch ich muss weiter.

Wir alle sind Träumer
Wir brauchen die Träume,
Die, wie auf einer Lichtung die Bäume,
Die Ränder unserer Gedanken säumen.
Sag, wo kämen wir nur hin, ohne das Träumen?

2. Akt

Da gibt es diesen anderen Mann. Er hatte einst einen Friseursalon in der Innenstadt, doch nach dem Tod seiner Frau hatte er sich zur Ruhe gesetzt, denn der Friseursalon lief gut, und er hatte genug für das Alter beiseite geschafft.
Doch er war ein Träumer, und er konnte es nicht lassen.
Jeden Donnerstag schnappte sich der alte Friseur seine Tasche mit Schere, Bürste und Kamm und einen Klappstuhl.
Pünktlich um 9 Uhr morgens nach dem Frühstück – „das sei die wichtigste Mahlzeit des Tages!"... hatte immer seine Frau gesagt – machte er sich auf in den Stadtpark, um seinen kleinen, feinen Frisiersalon auf zu bauen.

Er musste nicht lange warten, da bildete sich schon eine beträchtliche Schlange vor seinem Klappstuhl. Sein kleiner Salon war gut frequentiert und seine Arbeit fachmännisch. Doch er nahm kein Geld.
Er verteilte Frisuren an diejenigen, die sich keinen Friseur leisten konnten, seine einzige Bezahlung war ein Dankeschön und an guten Tagen ein Lächeln. Ein, zwei Mal habe ich auch den Frettchenmann unter seinen Kunden gesehen.
„Duu?!", fragte ihn mal ein rotzbengliger Junge, „wieso machst du das eigentlich? So Haare schneiden für umsonst? Meine Mama sagt immer, ein guter Haarschnitt muss mindestens 50 Euro kosten."
Da lachte der alte Friseur und schüttelte den Kopf. Nach einiger Zeit des Abwägens antwortete er dem Jungen: „Weißt du, manchmal ist der dankbare Ausdruck in einem Gesicht, das dankbare Lächeln, das Gefühl, etwas Gutes, etwas Richtiges, getan zu haben, mehr wert als alles Geld der Welt. Ich habe leider nichts anderes, was ich den Menschen geben kann, außer mein Handwerk. Aber das teile ich liebend gerne."
Ich lächelte, als ich das hörte. Doch ich musste weiter.

Wir alle sind Träumer
Wir brauchen die Träume,
Die, wie auf einer Lichtung die Bäume,
Die Ränder unserer Gedanken säumen.
Sag, wo kämen wir nur hin, ohne das Träumen?

3. Akt

Bei meinem Spaziergang treffe ich auf Opa Yukic. Der freundlichste alte Mann, den ich je kennenlernen durfte. Weil seine Rente nicht ausreicht, sei er gezwungen, tagsüber in einer Tankstelle zu arbeiten. Und abends läuft er durch die Straßen und sammelt Pfandflaschen.

Ich plaudere gerne mit Opa Yukic, trotz seines schweren Loses steckt er so voller Lebensfreude.
Nur mit seinen Klamotten, seiner Frau und der unendlichen Liebe zu ihr kam er einst nach Deutschland, um Arbeit zu finden.
Das sei damals leichter gewesen als heute, doch wirklich leicht war es nie, erzählt er mir, als ich ihn auf ein Bier einlade. Vor allem jetzt nicht.
Doch er behält seine Freude, er behält seine Träume, er behält sein Lächeln auf den Lippen.
Opa Yukic verschluckt sich an seinem Bier und ich muss lachen. Wir beide lachen bis die untergehende Sonne uns an unsere Pflichten erinnert.
Dann muss ich weiter.

Wir alle sind Träumer
Wir brauchen die Träume,
Die, wie auf einer Lichtung die Bäume,
Die Ränder unserer Gedanken säumen.
Sag, wo kämen wir nur hin, ohne das Träumen?

Epilog: Abenddämmerung

Wieder die Fußgängerzone. Die Wachablöse von Tages- und Nachtgaunern ist längst vollzogen. Die letzten Nachzügler des Tages eilen zu ihren Häusern wie die Ratten, die im matten Schatten das sinkende Schiff verlassen. Das sinkende Schiff ist das Tageslicht. Das eiskalte Wasser ist die Dunkelheit, die uns alle irgendwann umgibt.
Ich fliehe nicht, jedenfalls nicht physisch.
Ich denke nach.
Ich denke an den Frettchenmann, und frage mich, ob er es wohl bis nach Tschernobyl geschafft hat.
Ich denke an den alten Friseur, der für ein Lächeln die tollsten Frisuren auf die Köpfe der Obdachlosen zaubert.
Und ich denke an Opa Yukic, der sich lachend an seinem Bier verschluckt, obwohl die Welt ihn täglich mit Füßen tritt.
Ich denke und lausche dem Geflüster der Stadt, dem monotonen Brummen der grauen Gebäudefassaden, Wächter über die Träumer, die in den Städten Zuflucht suchen.
Lieblich und zugleich leicht bedrohlich mahnend dringt ihr tenorer Singsang in mein Ohr:

Ihr Menschen seid Träumer,
Denn ihr braucht die Träume,
Die, wie auf einer Lichtung die Bäume,
Die Ränder eurer Gedanken säumen.
Nichts wärt ihr ohne das Träumen.

JAN CÖNIG

ALTER!

Schlaffe Körper auf dem Gang
Dicke Spinnweben am Empfang
Fremde Gebisse auf den Tischen
Sprache wird dumpf, Grollen und Zischen
Verirrte Menschen, Geruch von faulem Fleisch
Endzeitszenario, alle Räume gleich

Seit mein Opa in einem Altersheim ist, besuche ich ihn kaum noch. Ich mag meinen Opa sehr, aber das Heim macht einem die eigene Sterblichkeit in einem Maß deutlich, das ich kaum ertragen kann.

Einen Tag nach seinem 90. Geburtstag überwinde ich mich und fahre zur Seniorenresidenz Abendrot.

Hier hat sich einiges verändert. Das Gebäude ist jetzt mit Graffities verschiedener Qualität übersäht.
Nur an wenigen Stellen blitzt noch das alte Fassadenweiß hindurch.
An einer dieser freien Stellen steht ein nachdenklicher alter Mann in einem hellgrauen Trainingsanzug.
Ich gehe weiter. Rechts vom Haupteingang ist eine Halfpipe aufgebaut. Eine Frau in einem Elektrorollstuhl legt einen lupenreinen 360 hin.

Ich bin beeindruckt. Mein Opa sitzt auf seinem Rollator vor der Tür und sonnt sich.
„Was ist denn hier los?", frage ich ihn.
„Das ist ein ganz neuer Ansatz. Wenn du schon alt sein musst, dann sei wenigstens jung."
Das verstehe ich nicht. Um mir zu erklären, was er meint, führt er mich in das Gebäude.

Im Esssaal stehen zwanzig Rentner und lassen einen runden Gegenstand an einem Seil auf- und abfahren.
„Jojo", sagt mein Opa „davon reden die jungen Leute doch so oft."
„Yolo, Opa. Das heißt You only live once und ist die Parole stumpfer Jugendlicher, die ihre dämliche, übertriebene Risikobereitschaft verherrlichen. Ich glaube, dafür seit ihr etwas zu alt."
„Ich war im Krieg!", sagt mein Opa. Damit ist das Thema beendet.

Im Fernsehzimmer sitzen vier Senioren dreißig Zentimeter vom Fernseher entfernt und spielen Fifa auf der PS4. Es kommt zu Streitigkeiten, weil jeder von ihnen mit der Nationalmannschaft von 54 spielen will. Bevor die Sache eskaliert, kann ein Pfleger zwei Spieler überreden, die jungen Wilden von 74 zu nehmen.

Im nächsten Zimmer regiert der HipHop. Die Baggies, New Era Caps und weiten Pullies wirken an den alten

Leuten irgendwie falsch. Ein alter Mensch mit Hose in der Kniekehle wirkt alles andere als cool … das haben sie dann mit den Jugendlichen gemeinsam. Die Anlage ist voll aufgedreht, die Bässe rütteln die Bilder von der Wand und die alten Leute rappen …

Ich lauf keine Treppen, nehm zwanzig Tabletten
Beim Frühstück und kann immernoch supergut rappen.
Hätten Deppen wie du nur eine Ahnung vom alt sein,
Knochen voll Kalkstein, ohne Alk sein, immer kalt sein
Wärt ihr relativ schockiert, wie wir damals von Einstein.

Die eindrucksvolle Performance wird nur unterbrochen, weil jetzt Mittagsruhe ist.

„Mittagschlaf heißt jetzt hart chillen", erklärt mir mein Opa, als wir an seinem Zimmer ankommen.
Zum Glück sieht es noch aus wie immer. Ein Bett, ein Schrank, ein Fernseher, ein Tisch. Auf dem steht ein Laptop, den mein Großvater mir stolz präsentiert:
„Schau mal, Facebook. Ich habe mich in meinem Profil zwanzig Jahre jünger gemacht."
Ich starre den Laptop ungläubig an.
 „Opa, auch wenn du dich zwanzig Jahre jünger machst, bist du noch 70.
Dein Profilbild ist ein vergilbtes, abfotografiertes Foto aus dem Krieg.
Du likest Adenauer, Heino und Marschmusik

Wenn Du auf Facebook jung rüberkommen willst, musst Du Deinen kompletten Alltag dokumentieren, ganz viele Herzchen posten. Du musst jeden Gedanken teilen, der Dir durch den Kopf geht."

Es blitzt und ich sehe für einen kurzen Moment nur noch schwarze Flecken.
„Selfie!", sagt mein Opa.
„Ja", sage ich, „das war schon ganz gut. Nur macht man die mit Smartphones und nicht mit Einwegkameras."
Er hört mir nicht zu.

„Du musst mir mal helfen", sagt er und geht ins Badezimmer.
Ich überwinde mich. Immerhin ist das mein Opa.
Auf alles vorbereitet gehe ich ihm nach. Auf fast alles.
„Ich nominiere ..."
„Opa! Die Icebucket Challenge ist schon sowas von vorbei."
„Achso", sagt er und lässt den halbvollen Eimer mit Eiswasser sinken. „Was ist denn gerade angesagt?"
„Keine Ahnung."

Er setzt sich traurig auf sein Bett:
„Weißt Du, es ist nicht leicht, jung und cool zu sein, wenn man 90 ist."
Das stimmt wohl. Aber es gibt Parallelen:
Er darf kein Auto fahren.

Er bekommt Taschengeld.
Wichtige Entscheidungen werden für ihn getroffen und eigentlich hört man ihm nie richtig zu.

Eine optisch hundertjährige Frau mit Schildkrötenhals fährt auf einem BMX durch den Gang.
„Bin ich wenigstens ein bisschen cool?", fragt mein Opa niedergeschlagen.
„Du bist verdammt cool!", sage ich, mache ein Selfie von uns beiden und lade das Bild bei Facebook hoch.
Es bekommt innerhalb einer Minute 80 Likes.
Die Rentner sind *immer* online.
Da habe ich *die* perfekte Idee.
Als ich schließlich gehe, komme ich wieder an dem Mann im hellgrauen Trainingsanzug vorbei.
Er hat sich an einem aufwendigen Graffiti versucht und ist gescheitert.

„Wie machen die das?", fragt er mich und deutet auf ein besonders kunstvolles Sprühbild, das wohl ein professioneller Sprayer angebracht hat.
„Naja, die benutzen Sprühdosen, nicht Pinsel und Wandfarbe …", antworte ich.
„Aha."
„Aber Helmut ist ein Super-*Tag*."
Er lächelt und macht das Peace Zeichen.
„Jojo."

Mein Opa ist jetzt übrigens in Level 512 von Candy Crush Saga.
Und Farm Heroes.
Und Pet Rescue Saga.
Und Criminal Case.
Und Farmville 2.
Und Dragon City.
Und solange ich noch Spieleanfragen von ihm bekomme weiß ich, dass alles in Ordnung ist.

JEY JEY GLÜNDERLING

WG GESUCHT

Als ich vor sechs Jahren nach Frankfurt gezogen bin, war ich jung und dumm und dachte, Wohnheime wären cool. Ich stellte es mir wie Wohnheime aus American Pie vor, wo alle sich gut verstehen und miteinander schlafen. Ich dachte, da wäre richtig was los. Stattdessen grüßte man sich nicht auf dem Flur, mir wurden die Pizzen aus dem Ofen weggefressen und in den Duschen hatten scheinbar viele mit massivem Schamhaarausfall zu kämpfen. Die Toiletten wurden um sieben Uhr morgens geputzt und um acht sahen sie bereits schon wieder aus wie ein brauner Jackson Pollock. Regelmäßig saß ein dickes Mädchen mittags in der Küche, die aus einer großen Kaffeetasse puren Wodka trank und mich in unfassbar traurige Gespräche verwickelte. Lediglich ihr Papagei erfreute mich, weil er meinen Namen sagen konnte.

Bei der folgenden WG-Suche habe ich ernsthafte existenzielle Ängste durchlitten. Ich erschien zu Massenbesichtungsterminen, bei denen man zwanghaft das Gespräch an sich reißen musste, um überhaupt irgendeinen Eindruck zu hinterlassen. Ich geriet an Menschen wie Stefanie, die mir bei einem Casting einen Psycho-Fragebogen unter die Nase hielt, auf dem ich ankreuzen musste, ob ich Vinyl, CD oder MP3 favorisiere.

Außerdem sollte ich ihr ausführlich die Frage beantworten, was genau Liebe für mich bedeute. Ich habe über den Fragebogen gelacht. Stefanie nicht.

Und dann endlich, nach zahllosen Drecks-Castings, habe ich meine wunderbare WG gefunden. Nun rufe ich WG-gesucht auf, einfach weil ich es kann. Ich lehne mich zurück mit der Gelassenheit eines Menschen, der in einer gut funktionierenden Beziehung ist und sich einfühlsam das Geheule seines besten Freundes über das Single-Leben anhört und dabei eigentlich nur denkt: „Geil, dass ich eine Freundin habe." Ich klicke mich zunächst durch einen Haufen obligatorischer Floskeln, dass man nicht auf der Suche nach einer Zweck-WG sei, dass das eigene Zimmer als Rückzugsort respektiert werde und bla bla bla bla bla bla bla. Marian allerdings ist erfrischenderweise kein Mann großer Worte, denn unter dem Punkt WG-Leben schreibt er nur: „Ja."
Ich spüre ein heftiges Verlangen mich bei Marian zu bewerben. Marians ausführliche Beschreibung ist mir allerdings deutlich lieber als die Swingerclub geschädigte MILF Natascha, die offensichtlich mehr einen Lustknaben als einen Mitbewohner sucht. Bei ihr steht unter WG-Leben: „Alles kann, nix muss."

Klaus hingegen hat sich ein cleveres Konzept überlegt und weist seinen zukünftigen Mitbewohner schon mal vorsorglich auf seinen Platz. Er schreibt: „Du kannst deine Mietkosten senken, wenn du dich um die Sauberkeit der Wohnung kümmerst. Eine langfristige Verweildauer wird erwartet, handwerkliche Fähigkeiten werden noch gebraucht." Auch hier möchte ich mich sofort bewerben und sein Sklave werden.

Nico und Richard hingegen sind zwei richtig lässige Typen: „Wir sind nicht nur zwei Mitbewohner, sondern auch einstimmig beschlossener-weise beste Kumpels. Wir sind zwei umgängliche Akademiker, die gerne mal den ein oder anderen lustigen Joke raushauen."

Leute, die ihre Witzigkeit betonen müssen, sind ja meistens die witzigsten.

Und dann stoße immer wieder auf die wohlstandsverwahrlosten Menschen wie Susi. Sie schreibt: „Was natürlich das wichtigste Thema darstellt, ist der Putzplan. Sauberkeit und Ordnung ist ein Zeichen des Respekts anderen gegenüber. Schuhe müssen vor der Wohnung ausgezogen werden ;-) Aber alles ganz LOCKER ;-)"

Susis zweifacher Gebrauch des Zwinkersmileys als ironischer Kommentar auf ihre Spießigkeit und der Fakt, dass sie doppelt so viel über Sauberkeit als über ihre eigene Person schreibt, geben mir wirklich das Gefühl, dass es bei ihr so richtig locker zugeht. Außerdem handelt es sich bei Susi um jene Smileys mit Bindestrich-Nase, die heute keiner mehr außerhalb unserer Elterngeneration benutzt.

Auf den Fotos der angebotenen Zimmer finde ich es immer wieder erstaunlich, wie viel Geschmacklosigkeit man auf so wenig Quadratmetern unterbringen kann. Thorstens Wohnung allerdings scheint echt alles zu haben, er schreibt: „Außerdem das beste zum Schluss. Es gibt eine Fluchtleiter, die wir als Balkon nutzen – eignet sich super, um im Sommer zu grillen und ein paar Bierchen zu trinken." Ich stelle mir bildlich vor, wie eine Gruppe von 10 Leuten ganz entspannt auf Thorstens Fluchtleiter grillt und ausgelassen Frisbee spielt.

Zu guter Letzt begegne ich jener Anzeige, die jeder kennt, der jemals in Frankfurt eine günstige WG gesucht hat. Sie lautet: „Du bist neu in Frankfurt?
Du fängst mit der besten Zeit deines Lebens an?
Du bist ein richtiger Kerl und willst es im Studium krachen lassen?
Du findest Traditionen sind wichtig, spannend und alles andere als überholt? Dann wirf doch mal einen Blick auf: www.burschenschaft-arminia.de."

WG-gesucht ist genau wie Chatroulette oder Bahnfahrten, weil es einem vor Augen führt, was für schreckliche und schlimme Menschen es eigentlich gibt. Daher ist dieser Text für alle Wohnungssuchenden. Außerdem ist dieser Text für alle wohnungssuchenden Mädchen, die irgendwann herausfinden, dass bei uns in der WG nie ein Zimmer frei war..

RABAN LEBEMANN

DIE 5 PHASEN DER TRAUER

1. **Schock!**

Ich stehe auf, gehe in die Küche, mache schlaftrunken die Kaffeemaschine an und lasse erst eine Tasse für mich aus der Maschine laufen, und dann eine für sie ...
Als ihre Tasse halb voll ist, werde ich zum zweiten Mal an diesem Tag wach. Ich setze mich auf ihre Stühle, die in unserer Wohnung an meinem Tisch stehen und trinke auch den zweiten Kaffee alleine.
Die Trennung gestern Abend kam aus heiterem Himmel, irgendwo muss mir da wohl eine Kleinigkeit entgangen sein. Nachdem sie noch am selben Tag die bis dahin gemeinsame Wohnung verlassen hatte, saß ich erst einmal bis nachts um drei bewegungslos da, im Dunkeln, alleine, wie Gollum und dachte gar nichts, außer – mein Schatz.
Irgendwann muss ich ins Bett gegangen sein; jetzt sitze ich in der Küche und weiß nicht wirklich, was ich mit mir anfangen soll.

Am Abend stelle ich mir ein Bier nach dem anderen rein. Außer meiner Leber interessiert das aktuell eh niemanden und die sollte sich lieber schon mal auf spannende Zeiten gefasst machen.

Trotzdem schließe ich die Tür zu unserer Wohnung wie gewohnt leise auf, um sie nicht zu wecken, im ersten Moment denke ich, SIE liegt in unserem Bett und wartet, bei genauerer Betrachtung stellt sich heraus, dass nur eine Decke einen ungünstigen Schatten wirft.

2. Schmerz und Zorn

Am nächsten Morgen erwache ich in Embryonalstellung mit einem Kopf so groß wie Indien und verfalle alle drei Minuten von einem Heulkrampf in den nächsten – die Überschrift des Tages lautet WARUM?
Ich gehe ins Wohnzimmer, sehe ihre Jacke und fange an zu weinen. Ich komme ins Bad, sehe ihren Fön und fange an zu weinen. Mein Handy klingelt, ich sehe das Hintergrundbild aus dem letzten gemeinsamen Urlaub und fange an zu weinen.
Eigentlich trägt der Tag die Überschrift „Weichei" überlege ich mir und beschließe, dass die blöde Schlampe mich mal am Arsch lecken kann und ich ab jetzt einfach keine Lust mehr auf schlechte Laune habe.
Das funktioniert auch super, etwa 30 Minuten, dann rieche ich plötzlich etwas Vertrautes, das mich an sie erinnert und fange an zu weinen ...
Ich mache einen erbärmlicheren Gesamteindruck als David Hasselhoff beim Burger essen.

So geht das mindestens für die nächsten sieben Tage weiter, ich habe die Kontrolle über meine Tränendrüsen verloren und springe von Heulkrampf zu Heulkrampf. Dazwischen lösche ich mehrfach alle gemeinsamen Fotos und stelle sie jeweils nach dem nächsten Anfall wieder her, schmeiße alles, was mich irgendwie an sie erinnert, in ihr leeres Arbeitszimmer, nur um später festzustellen, dass es ohne die von ihr geschenkten Boxen durchaus schwierig ist, Dido in voller Lautstärke zu hören.
Und ich schreibe Unmengen gemeiner Briefe an sie, die ich jedoch nie abschicke. Weichei eben ... Cuba Libre wird zur einzigen Ablenkung, die noch einen Effekt hat.

3. Verhandlung

Nach einigen Wochen ist das Bedürfnis, sie wieder zu sprechen, zu sehen oder mit ihr Zeit zu verbringen stärker als das eines Ertrinkenden unter Wasser nach Luft. Ich nehme also mein Handy in die Hand und schreibe ihr eine Nachricht, der ich bis zum Abschicken mehr Zeit widme als meiner Bachelorarbeit. Bis sie so perfekt ist, dass sie mich sofort zurücknehmen wird. Sie lautet: „na?" – Poet eben –
Natürlich antwortet sie erst mal nicht und als sie es tut – mit „WAS?" – (alles groß geschrieben) ist der Moment der Schwäche bei mir vorbei und ich kann betont ent-

spannt antworten – „Sorry, falsches Chatfenster" –, was mich nur gefühlte 40 Minuten, 55 neue Eingaben und dank der „schreibt"-Funktion bei WhatsApp meine komplette Glaubwürdigkeit kostet ...

Ein paar Tage später telefonieren wir und reden in einer sachlichen Kühle über die Verteilung der vorhandenen Güter, dass man meinen könnte, hier verhandelt die Deutsche Bank mit Siemens über die Vergabe eines unbedeutenden Kredits. Ich hatte mir unter Verhandeln doch etwas anderes vorgestellt ...

4. Depression/Neuorientierung

Die Wochen vergehen, eigentlich fühle ich mich gut, aber eigentlich ist eigentlich auch der eigentlich entscheidende Punkt an dieser Aussage, der das „gut" eigentlich unglaubwürdig macht. Aber wenn ich beim Aufstehen sagen würde, „mir geht es scheiße", wäre schon morgens geklärt, dass der Tag mehr so „geht so" werden wird.

Ich beginne also meine Tage alleine in der Küche auf dem Boden und trinke zwei Kaffee. Ich kann die Gewohnheit nicht abschütteln. Da sie zusätzlich zu den Stühlen auch den eigentlich ganz coolen Freundeskreis mitgenommen hat, umgibt mich der Charme eines Eremiten. Ich lasse mir einen Bart wachsen, das ist schließlich das einzige Haar auf meinen Kopf, das mir diesen Gefallen noch tut und beschäftige mich mit mir selbst.

Nach drei Wochen ohne Kontakt zur Außenwelt kennt mich der Joey's-Lieferant beim Vornamen und bringt mir alle zwei Tage einen Apfel – „für die Vitamine", sagt er.

Nach einigen Wochen beschließe ich eines Morgens, dass sich jetzt alles ändern muss! Viel zu lange habe ich mein Leben an mir vorbeiziehen lassen, ich werde jetzt gleich joggen gehen, danach die etwa 150 Pizzakartons auf die Deponie fahren, mich rasieren, die Wohnung aufräumen und mein Leben neu beginnen!

Auf dem Weg zum Kleiderschrank komme ich an unserem Bett vorbei und verfalle kurzfristig wieder in Phase 2 – Embryonalstellung/Heulkrampf – also verschiebe ich die Pläne. Auch am nächsten Tag schaffe ich es nicht, irgendetwas umzusetzen. Aber nach einer weiteren Woche rasiere ich mich wieder, zum ersten Mal seit zwei Monaten.

5. Akzeptanz

Mein Leben scheint zur Zeit einfach imperfekt. Ich kann die Vergangenheit nicht abschließen. Ich will sie nicht abschließen! Da ich Angst habe, alles was war, besser zu sehen als es war, wenn es denn einmal wirklich vorbei ist. Wie das Ende von „How I Met Your Mother", den letzten Sommer oder den Abend, an dem ich in der Notaufnahme aufgewacht bin, weil ich 15 Cuba Libre getrunken hatte. All die Dinge, die ich ihr noch an den Kopf werfen will, erinnern mich daran, dass es „eigentlich" gar nicht so toll war.

Am Tag nach dem Umzug in eine neue, MEINE neue, Wohnung, stehe ich morgens auf, gehe in die Küche, mache schlaftrunken die Kaffeemaschine an und lasse eine Tasse für mich aus der Maschine laufen, EINE!

GAX AXEL GUNDLACH

GEDANKENBREI

Ich könnte gegen drei Regeln des Slams gleichzeitig verstoßen: Zitieren, Singen und die Zeit überziehen!
Oder sagen wir mal: Falsch zitieren, schlecht singen und dabei 15 Minuten Schwachsinn erzählen
Probe aufs Beispiel:

> *Die Gedanken sind Brei*
> *Wer kann sie verraten*
> *Im Rausch und vorbei*
> *Ein ganz schöner Schatten*
> *Kein Hund kann sie beißen*
> *Kein Dichter drauf scheißen*
> *Es bleibet dabei:*
> *Ich hab heut gedankenfrei!*

Ja, ich habe Gedankenfreiheit.
Es gibt Abende, da kann *noch nicht mal ich* meine Gedanken erraten.
Und ich möchte nicht vor jedem Slamtext sagen müssen: Achtung, hier sind Zitate aus Funk und youtube enthalten! Denn mein ganzer Kopf ist voll davon.
– Ein Gehirn wäscht das andere!
Was weiß denn ich, was davon in echt noch meine eigenen Gedanken sind?

Aber warum soll ich mir auch was machen,
was ich ständig frei Haus geliefert bekomme?
Warum Bücher lesen?
Schopenhauer, Adorno, Sartre, Mickey Mouse ...
Warum soll ich Sachen zitieren, die ich nicht verstehe?
Ich bin doch kein Politiker!

Ich will nicht in Hypothesen und Konditionalsätzen denken müssen: was wäre wenn?
Butterbrot fällt immer auf Butterseite!
Katze landet immer auf Pfoten!
Aber was passiert, wenn man der Katze Butter auf den Rücken schmiert?

Es interessiert mich nicht!
Ich halt mich an Ursache und Wirkung; dass man sich übergeben muss, wenn der Magen voller Kotze ist!

Ich will Klarheit! Man braucht keinen Fallschirm, um aus einem Flugzeug zu springen. Man braucht ihn, um ein zweites Mal springen zu können!
Sind deshalb unter Flugzeugsitzen auch immer Schwimmwesten? Weil die Lufthansa glaubt, dass ich eher schwimmen lerne als fliegen?
Ich will sowas nicht durchdenken müssen.

Alles hat zwei Seiten! Sagt die Medaille zum Würfel
Aber das ist mir viel zu komplex.

Ich will die Dinge einseitig betrachten dürfen.
Ich will parteiisch sein – in dubio pro meo!

Ich brauche nicht noch mehr zum Grübeln.
Ich bräuchte wieder mehr
                Leidenschaft in meinem Leben.
Ich sollte Tango tanzen gehen.
Denn ich kann es in Diskotheken nicht mehr aushalten:
Nicht, weil ich da wie ein Päderast rüberkomme,
sondern weil es nach Umkleidekabine stinkt
und verschwitzten Turnschuhen
– seit da nicht mehr geraucht wird!

Aber Passivrauchen stört mich nicht
Viel schlimmer ist: Passivdenken!
Mein Rest gesunder Menschenverstand leidet,
wenn sich die Leute um mich herum kompliziertes Zeug
zusammendenken, das einfach keinen Sinn ergibt.
Ich will von Humankapitalkosten und Finanzderivaten-
handel nichts hören.
Oder verstehen, was Frauen wollen!
Ich will, dass es in meinem Kopf wieder einfach zugeht!
Ich will nicht wissen, dass die Tomate eine Frucht ist,
ich will sie nur einfach nicht in meinem Obstsalat!

Aber ich mache Fortschritte.
Ich habe mein Wissen geteilt:
Jetzt weiß ich nur noch die Hälfte!

Halbwissen lässt Platz für Vorurteile. Und für Vorurteile
muss man keine Gedanken verschwenden.
Zu gefährlichen Gesprächen schicke ich einfach mein
Verstuntdouble.
Ich will dumm sein dürfen.
Ich bin ein Goldfisch in einem Sandkasten –
Ich brauche kein Wissen, ich brauche einen Drink!

Das ist mein „Ockhams Rasiermesser"
Ich brauche das Naheliegende – im Leben wie im Bett!
Das Einfache als Trost gegen das Komplexe.
Ein warmes Opferlächeln gegen den Raubtierkapitalismus. Das System kotzt mich erst an, und dann kotzt es
mich aus.

Ich hätte gerne Menschenwürde!
Aber -*würde* ist auch nur ein blöder Konjunktiv.
Und der wird völlig überschätzt.
Er regelt nur die Dinge, die nicht sind.
Aber mein Leben soll nicht aus dem bestehen,
was hätte sein können! – Hätte hätte Menschenkette!

Ich hätte das Schulamt auslachen müssen
für die Auswahl der Fächer!
Scheiß auf Mengenlehre und Altgriechisch!
Kinder brauchen Sport, Musik, Kunst, Theater
und Poetry Slam!
Etwas, das Persönlichkeit bildet ... und mündige Bürger

Meine Eltern hätten mir Vorwürfe machen müssen:
„Seit Monaten hängst Du mit den Assis auf der Gasse ab und stehst immer noch keinen Seven Twenty?
Und dein Headspin sieht Scheiße aus!"

Ich hätte meinem Kinderpsychologen misstrauen sollen, bevor er Selbstmord beging!
Und außerdem; die Stimmen in meinem Kopf sind vielleicht nicht real, aber sie haben großartige Ideen:
Ich hätte beim Schulausflug ins Magritte-Museum kiffen sollen. Dann hätte ich dem Wärter gesagt:
<u>Das</u> ist eine Pfeife!

Ich hätte den Vater meiner bunten Freundin betrunken machen und nachts heimlich umlackieren sollen, als er gesagt hat, er will kein verquarktes Weißbrot in seiner Familie!

Ich hätte mit dem einzigen Los, das ich je gekauft habe, den Jackpot abräumen sollen.
Einfach nur um meinem Mathelehrer zu zeigen, wo er sich Statistik und Wahrscheinlichkeitsrechnung hinstecken kann.
– Umfrage: Neun von Zehn Leuten gefällt Gruppenvergewaltigung!

Ich hätte mit zwei Schwänzen geboren werden können.
#PenisPenis, #doubledickdude

Stellt euch mal vor, was ich mit zwei Schwänzen machen könnte:
Ich könnte zwei Frauen gleichzeitig *enttäuschen*!

Aber das ist was ich meine:
Der Konjunktiv führt nur zu frustrierenden Spekulationen!
Ich will nicht, dass es Mozartkugeln *hätte regnen können*; Ich will, dass es Mozartkugeln *regnet*!

Ich bin in Einzelfällen gegen die Gravitation!
Ich will fliegen – von mir aus mit Schwimmweste!
Aber das Bier soll im Glas bleiben,
bis ich über sein Schicksal entscheide.

Ich will auf einem sportwagenverachtenden Nashorn zur Arbeit reiten. Und es auf dem Parkplatz von meinem Chef abstellen.
Ich will, dass jemand fotografiert, wie er aus der Wäsche guckt, wenn er seinen Porsche parken will.
Und ich will das Bild auf dem Titelblatt der Mitarbeiterzeitung sehen.

Ich will eine Diät erfinden,
bei der sich Pasta und Antipasta gegenseitig aufheben!
Ich will bei den Special Olympics den Hundertmeterlauf der Laktose-Intoleranten gewinnen
– Alle zehn Meter ein Glas Milch!

Und ich will Ohrenlider! Unbedingt!
Ich will, dass Dieter Bohlen sich so lange *Modern Talking* anhören muss, bis er selbst nicht mehr darüber entscheiden mag, wer Talent hat.

Ich will die größte Wunderwaffe der Menschheit
besitzen:
Eine herzerwärmende, tröstende,
alles Böse auslöschende Umarmung!

Ich will Putin in die Arme nehmen, ...
und Poroschenko!
Ich will in Davos sein und die Bilderberger an mein Herz
drücken. Und das ganze Goldman Sachs-Gesocks!

Ich will noch einmal eine Nacht mit meiner Exfreundin
verbringen, damit sie merkt, was sie aufgegeben hat;
auch sie will ich umarmen.
Und dann will mal <u>ich</u> Orgasmen vortäuschen können!

Und es ist mir egal, ob dieser Text für euch Sinn ergibt!
Denn ich bin die weltweit größte Kapazität
in Fragen meiner Meinung –
und ich hab heut gedankenfrei!

GESELLSCHAFT
Raban Lebemann

Jeder Abend wird in Gesellschaft besser, denn alleine trinken führt zu nichts, außer evtl. zu einem neuen Slam-Text. Und so hat also auch der gesellschaftslose Abend seine Daseinsberechtigung.

Allerdings kommt man beim Schreiben eines solchen Textes selten um die Einflüsse der in unserer Gesellschaft lebenden und handelnden Personen herum. Soziale Interaktion führt zwangsläufig zu Begegnungen mit anderen Individuen und eben jene und vor allem der Vergleich mit ihnen und ihren Vorstellungen von Gesellschaft schaffen es immer wieder, Thema zu werden.

Ein Leben wie das von Diogenes von Sinope – der in einem Fass hausend davon überzeugt war, dass nur wer unabhängig von äußeren Zwängen sein Leben lebt, wirklich glücklich sein kann – darf als Leitmotiv verstanden werden.

Und so gehe ich wie Alexander der Große ein wenig aus der Sonne und wünsche dem geneigten Leser und ihm evtl. lauschenden Zuhörern – denn einen Slam-Text liest man besten in guter Gesellschaft – viel Freude bei den kommenden Zeilen.

ROBIN BAUMEISTER

SO WIE DU

Ich bin nicht unfehlbar.
Und auch kein Gutmensch.
Ich bin, ja gut: Mensch,
Aber ich bin der, der ich bin,
allein weil ich auch anders nicht sein kann, ohne nicht mehr ich zu sein.
Wisst ihr wie ich mein?

Wenn ich alleine im Bett lieg'
Und allmählich wegnick'
Dann denk ich über's Leben nach
Doch das tu' ich jede Nacht
Und es prasselt Regen sacht
Gegen meine Fensterscheibe
Während drinnen die Gespenster bleiben.

Ich krieg sie nicht raus aus meinem Kopf.
Sie flüstern schlimme Dinge.
Gespenster, die ihre fiesen Fragen mit heller Stimme singen. Die Geister, die ich rief.

Wer? Wohin? Wieso? Mit wem?
Sie stellen weiter ihre Fragen,
auf die ich keine Antwort weiß.

Die Bettdecke wird kochend heiß
Das Bett wird langsam unbequem

Ich habe Angst, zu versagen
Habe Angst vor den Fragen
Fragen die mich nachts zernagen
Und an regnerischen Tagen
Will vor Gegnern nicht verzagen
Auch in Not die Wahrheit sagen
Tief im Herzen Klarheit tragen
Doch ich muss mich jetzt beklagen:

> *"Oh shubidu, ich wär so gern wie du*
> *Ich möchte gehen wie du. Stehen wie du. Uhuhuh.*
> *Du wirst schon sehen uhu.*
> *Denn selbst ein Affe kann.*
> *Gehen und stehen wie ein Mann."**

Ich wär so gern wie du
Ich wär so gern sorglos
Mir keine Gedanken mehr machen müssen über das,
was ich tue oder sage

Ich wär so gern wie du
Ich wär gern nicht mehr schlaflos
Nicht mehr nachts wach liegen müssen, weil mich keine
Gespenster mehr plagen

Ich wär so gern wie du
Ich wär so gern sinnlos
Tagaus, tagein 9 to 5 denselben scheiß Job machen mit der Hoffnung auf Erlösung am Ende eines jeden Tages.

Doch der Erlöser ist tot, gestorben für deine Sünden.
Und was tust du? Sitzt da und vergeudest die Stunden.

Denn es ist dir egal, ob in China ein Sack Reis umfällt.
Solange in deinem Nachbarhaus ein scheiß Hund bellt.
Für dich geht es nur um Fleiß und Geld.
Und nicht darum, ob dir dieser Scheiß gefällt.

Wir sind gefangen in uns selbst.
Gefangen in einer Welt,
Die von uns das Letzte abverlangt:
Leistung, Leistung, Leistung.

Es fallen Begriffe wie Leistungsgesellschaft.
Während es früher noch hieß:
Komm! Leiste uns Gesellschaft!
Heißt es heute überall:
Leiste Geselle, schaff!
Los, Leiste! Los, Leiste! Los, Leiste!
So leise, so heimlich und leise wird aus schaff schlaff.
Leistung verspricht das Schlaraffenland.
Doch zu viel Leistung leitet zum Schlaffenland.
Nach fest kommt ab.

Gehetzte Gesichter.
Von Termin zu Termin. Keine Zeit mehr für nichts. Keine Zeit mehr für nichts. Keine Zeit mehr ... für nichts

Denn es ist nicht alles Gold was glänzt.
Doch am Wochenende im Club. Da ist meistens jeder voll, der danced.
Tanzen für die Seele.
Saufen für's Vergessen.
Ein müder Mann muckt nicht.
Ein dämlicher Depp denkt nicht.
Ein müder Depp startet keine Revolution.

Doch wir sollten aufhören,
                mit Spatzen nach Tauben zu werfen.
Denn heute ist die Satellitenschüssel auf dem Dach mehr wert als die Kanone im Keller.
Denn was wurde aus dem Land der Dichter und Denker?
Ein Land der Richter und Henker.

Orwell wusste schon: Alle Tiere sind gleich.
Doch manche sind gleicher als andere.
Und heute wissen wir: Die wenigsten Menschen sind reich. Doch viele sind reicher als andere.

Und ich liege da in meinem Bett
Höre den Geistern zu und finde noch immer keine Ruh.
Das Prasseln des Regens lässt allmählich nach.

Wie der Regen des Herabfallens bin ich des Denkens
müde, doch die Gedanken kreisen und kreisen und
krei...sen, krei...sen (schnarchend)
Der Körper schweigt. (Stille)
Der Geist arbeitet weiter. Auch im Schlaf suchen sie
mich heim.

Oh shubidu. Ich wär so gern wie du.
Oh shubidei. Doch ich bin lieber frei.

*Unter Verwendung eines Zitats aus „Das Dschungelbuch",
Text: Heinrich Riethmüller

JAN CÖNIG

Ich bin Pippi Langstrumpf.

Die ersten acht Jahre meines Lebens lebte ich völlig unbehelligt und ahnungslos, dann passierte es.
Lange Zeit habe ich es nicht wahrhaben wollen, jetzt stelle ich mich der Realität.

Es war in der Grundschule. Auf dem Schulhof. Die blöde Stefanie Mayer mit *ay* schaute mich an mit meinen leicht roten Haaren und den Sommersprossen, die meinen Nasenrücken schmückten und sagte:
Haha! Du siehst ja aus wie Pippi Langstrumpf!

So ein Quatsch, dachte ich. Blöde Stefanie Mayer mit *ay*. Was weiß die schon. Der plumpe Versuch, mich zu verunsichern, perlte an mir ab wie Dreck an Lotusblüten. Anfangs.

Das erste Mal, als meine Selbstsicherheit schwankte war, als ich mir ganz genau die Titelmelodie der Pippi Langstrumpf-Filme anhörte. Wieso war in diesem fröhlichen Lied eine mathematische Formel untergebracht?
Zwei Mal Drei macht Vier widdewiddewitt und drei macht Neune. Mit *widdewiddewitt* war ich noch nicht vertraut, aber der Rest ergab Sinn.
Ich habe Diskalkulie… wie Pippi Langstrumpf.

Ich war elf, als unsere Familie umzog. Aus der Wohnung in ein eigenes Haus, das meine Mutter als unsere Villa bezeichnete. Und es war bunt. Kunterbunt, könnte man sagen.

Zwei Jahre später im Sommer fuhr die Familie ohne mich in den Urlaub, denn ich hatte mir das Bein gebrochen. Abgesehen von den regelmäßigen Besuchen meiner Tante, die ich nicht sehr mochte, lebte ich also alleine, denn ich war sehr selbstständig ... wie Pippi Langstrumpf.

Unsere Nachbarn hatten zwei Kinder. Sie hießen Stefan und Simon, aber ich nannte sie Annika und Tommi. Trotzdem freundeten wir uns an, denn sie fanden, ich sei sehr abenteuerlustig ... wie Pippi Langstrumpf.
Zufall, werdet ihr denken, das ist alles Zufall.
Doch es war noch nicht alles.

Mein Klassenlehrer hieß Hr. Nilson und
mein Vater bezeichnete ihn regelmäßig als Affen.
Mein Vater wurde zum Kapitän seiner Fußballmannschaft.
Der Bruder meiner Mutter ist nur 1,20 groß,
also ein kleiner Onkel.
Mein Opa Fabian kotzt bei jedem Sturm ins Meer.
Der Baum in unserem Garten war innen voller Limonade.

Auch wenn diese Limonade nach Baumharz schmeckte, konnte ich die Worte der blöden Stefanie Mayer mit ay nicht mehr aus dem Kopf bekommen.
Ich war Pippi Langstrumpf.
Während sich alle beim Ponyreiten als Cowboys fühlten, saß ich auf einem kleinen Schimmel und weinte leise Tränen. Dann hob ich das Pferd hoch.

Im Winter lange Unterhosen anzuziehen war für mich ungefähr zehnmal schlimmer als für andere Kinder.
An Fasching sollten alle als Vikinger verkleidet in die Schule kommen…
Als meine Mutter mir die rothaarige Perrücke mit den Zöpfen zeigte, wurde mir ganz schlecht.

Wir haben oft ein Problem damit, zu akzeptieren, wer wir sind. Wir suchen nach Fußstapfen, in die wir treten können, passen uns an und sind unglücklich, wenn wir nicht in die Formen passen, die andere für sich gegossen haben.

Wir suchen Vorbilder und werden Nachahmer, folgen fremden Zielen um wenigstens irgendwann irgendwo anzukommen.

Wir akzeptieren den Leistungsdruck, damit wir nachts traumlos schlafen, wir werden zwanghaft erwachsen.

Statt uns an Sternen zu orientieren, orientieren wir uns an Menschen, die sich an Menschen orientiert haben, die sich an Menschen orientiert haben, die sich an Menschen orientiert haben, die sich an Sternen orientiert haben.

Träume werden unrealistisch, Komik und Unsinn werden auf die Bühne verbannt, weil in der 50-Stunden-Woche woanders kein Platz mehr dafür ist.

Wir arbeiten hart daran, wir selbst zu sein, obwohl man selbst zu sein, also sein, eigentlich die leichteste Aufgabe der Welt ist. Wir können sein, bevor wir unseren Kopf halten können.
Mir geht es da nicht anders. Ich kenne die Angst, nicht gut genug zu sein, die Suche nach dem Selbst und neben Fingernägeln habe ich schon auf jeder Entscheidung herumgekaut, die zu treffen war.

Ich habe keine Aufzeichnungen darüber gefunden, wie Pippi Langstrumpf als Jugendlicher oder erwachsener Mensch ist, also ist sie wohl wie ich.
Ich bin der fleischgewordene Traum von Unabhängigkeit und das unerschrockene Resultat mangelnder Schulbildung.
Ich vertraue keiner Bank, habe mein ganzes Geld in einer Schatztruhe zuhause und investiere massiv in Süßigkeiten.

Ich kann schwere Dinge hochheben und das Taka-Tuka-Land ist für mich alles andere als fremd.
Ich sympathisiere mit Freibeutern, fahre gerne auf Boten und mein modischer Geschmack ist äußerst fragwürdig.
Ich hatte schon seit der Grundschule keinen Faustkampf mehr, aber damals war ich unschlagbar.
Wahrscheinlich bin ich das stärkste Mädchen der Welt.

Die blöde Stefanie Mayer mit *ay* wollte mich nur ärgern, aber sie hat mir die Augen geöffnet.
Ihr könnt alles sein, was ihr wollt.
Ich bin Pippi Langstrumpf.

Unter Verwendung von Namen und Zitaten aus "Pippi Langstrumpf"
Text: Astrid Lindgren

GAX AXEL GUNDLACH

ERICH

In die Augen, in den Sinn!
Irgendso'n Kirmes-Philosoph hat mal gesagt:
Das Leben ist ein Karussell!

Das ist ungefähr so originell,
wie wenn ein Metzgerphilosoph erklärt:
Das Leben ist eine tiefgefrorene Schweinehälfte!
Aus der Sicht eines Fleischers vielleicht schlüssig:
Das Leben – eine halbe tote Sau!
Man muss die Schnitte richtig setzen
und sich ein paar gute Schnitzel sichern.
Der Rest ist Abfall zur Verwertung und kommt in'n Döner
Für die Jugend
Drehspieß – immerhin auch 'ne Art Karrussel

Wenn das Leben überhaupt ein Karussell ist,
dann vielleicht: ein Kettenkarussell!
Es lockt uns mit dem Versprechen von Rausch und
Leichtigkeit. Es blinkt blöd rum. Und dazu spielt:
Kirmesschlager! Eine Abart der Musik, die unter 90 Dezibil in sich zusammenfällt wie ein erschrecktes Soufflé.

Und spätestens jetzt müsste doch jedem Azubi der Vergleichenden Metaphorik klar sein:

Das Leben macht erst vollmundige Versprechungen
und schleift uns dann wie Kettenhunde im Kreis herum.
Und im Kreis heißt:
immer wieder an derselben Scheiße vorbei.
Immerhin - das erklärt das Phänomen Déja-vu!

Aber: das Leben ist kein Karussell!
Wenn das Leben überhaupt ein dämliches Fahrgeschäft
ist, dann ist es eine Geisterachterbahn!
Eine Melange aus flauen Bauch und nackter Panik,
ein Phobien-Paradies mit unschönen Extras.

Gleich am Anfang geht es steil bergauf.
Eine warme Vorfreude breitet sich in dir aus.
Wenn man auf dem Scheitelpunkt ankommt,
ist man aus den Kindersachen rausgewachsen.
Vati winkt vom Kassenhäuschen:
ein letztes Lächeln für seine Brut,
denn er weiß schon, was jetzt kommt.
Du blinzelst noch mal kurz in die Sonne.
Und von da an geht's bergab! Fast freier Fall!

Was folgt, ist ein höllischer Höllenritt
durch den höllenhaften Hades der Pubertät.
Der Zug stürzt direkt auf einen Tunnel zu.
Der Fahrtwind drückt dir Tränen aus den Augen.
Die eiserne Inschrift kannst du kaum noch lesen:
„Schule macht frei!"

Und schon tauchst du ein in den düsteren Schlund
Ein grün-gelber schleimiger Geist schnellt vor dir hoch
und bewirft dich mit Akne.
Und jetzt rast der Zug durch einen Spiegelsaal.
Das ist die wahre Entjungferung der Seele:
Zum ersten Mal im Leben ekelst du dich vor dir selbst!

Und dann rüttelt's dich durch die Schule -
Orientierungslos durch die Orientierungsstufe:
Mobbing und Waterboarding durch Mitschüler,
Demütigung und Psycho-Folter durch Lehrer,
Unverständnis und Hilflosigkeit deiner Eltern angesichts
der Mathehausaufgaben: multiple choice!

Aber du hast keine Wahl,
das Leben gibt dir alles!
Ungefragt!
Neun Dioptrien auf dem rechten Auge.
Und die dazugehörige Deppenbrille!
Ein kakerlakenförmiges Feuermal mitten in die Fresse.
Ein langes und ein kurzes Bein,
damit du besser im Kreis herumlaufen kannst.

In dem Punkt ist das Leben echt konsequent:
Es ist eine mit Monsterguss überzogene Monsterhölle
mit Monsterfüllung!
Aber es dauert ein bisschen, bis du begreifst,
dass du selbst das Monsterfutter bist.

Aber dann:
Aus dem Dunkel taucht ein rotes Herz auf.
Ein sanfter Schimmer am Ende des Tunnels.
Ein Versprechen von erster Liebe.
Und du rast genau drauf zu.
Kurz vor dem Einschlag öffnet sich das Herz
und dein Wagon donnert in das Labyrinth der Gefühle.
Die Mädels tragen Pumps mit Spikes
und treten auf deinem kleinen Herzchen rum!
Und die Jungs zeigen dir auf youporn,
wie die Liebe geht: Immer ins Gesicht!

Dann plötzlich flüstert dir der Grisgramgeist der Eifersucht ins Ohr:
„Du musst sie besitzen und beherrschen, sonst verlierst du die Liebe. Nimm ihre geheimsten Wünsche und verwende sie gegen sie. Werde ein Meister im Geliebt werden!"
Bevor du mit Schrecken erkennst, dass du selbst nun nicht mehr lieben kannst.
Aus Angst vor dem Leid, das du Anderen zufügst.

Aber dann ist die Schule vorbei.
Deine Eltern beantragen einen neuen Flächennutzungsplan für dein Kinderzimmer.
Und weil du für Obdachlosigkeit noch knapp zu jung bist, rauscht dein Zug nun in das House of Pain
– deine erste WG!

Das mickrige Erbe von deiner Oma zieht der Makler ab.
Dein Vermieter findet:
„600 Euro für 17 m2 sind fast geschenkt.
Ja, die Fenster werden nächstes Jahr repariert, aber:
Die Lage, die Lage, die Lage!"

Und damit meint er nicht die Lage, in der du jetzt bist!
Bier ist dein Gemüse!
Und Skorbut ist dein Koch!
Das Gemeine: es fühlt sich trotzdem kurz wie Freiheit an
Denn die Musik ist laut und die Nächte sind lang

Aber dann eines Abends greift das soziale Gefälle:
Deine Freundin landet mit deinem Mitbewohner im Bett.
Vieleicht war Alkohol im Spiel.
Wahrscheinlicher ist aber: Er hat sogar ein Auto!
Und seine Alten haben ein Ferienhaus am Meer
– und das ist nicht das in der Schweiz!

Depressionen sind auch nur Tobsuchtsanfälle ohne die
rechte Begeisterung.
Erst musst du sie gehen lassen,
jetzt lässt du dich gehen!
In der Spüle – Pizzareste!
In der Sofaritze – Pizzareste!
Im Tiefkühlfach – Pizzareste,
... die da immerhin nicht weiterschimmeln!

Und weil dein BWL-Abschluss zu sonst nix taugt, machst du eine Banklehre. Einfach nur weil die soviel zahlen, dass du der Schimmel-WG endlich den Rücken kehren kannst.

Ab jetzt wird alles anders:
Die neue Wohnung – picobello, wie geleckt!
Die neue Freundin – fickobello, auch wie geleckt!
Deine Mutter drückt dich tröstend an ihre Brust, denn nun bist im Herzstück des Geisterachterbahnhorrorkabinetts angekommen:
Du bist jetzt so wie deine Eltern!
Utopie und Sozialismus fallen wie trockener Schorf von dir ab. Du wirst ein nützliches Mitglied der Gesellschaft.

Doch nach zwanzig Jahren in der Bank fällt dir plötzlich auf, was die da eigentlich treiben.
Und du bist *mittendrin statt nur dabei*!
Aber man soll ein Gewissen nicht in gut und schlecht teilen.
Dein kleines Gewissen sagt,
dass du täglich Beihilfe zum Betrug leistest.
Dein großes Gewissen sagt:
Erst musst du die Doppelpalasthälfte abbezahlen!
Und dein Kind zum Rummel bringen!

Denn die Geisterachterbahn ist kein Perpetuum Mobile!
Sie verlangt nach Nachschub an Lebensenergie.

Und jetzt sind die Jüngeren an der Reihe
– das ist der Generationenvertrag!
Immer im Kreis ohne Ausweg!

Und dann rast dein Zug über die letzte Weiche aus dem Sackkreisel – aufs Abstellgleis.
Endlich kannst du den panischen Blick von den Gleisen nehmen. Aus den verwischten Streifen links und rechts werden Konturen. Aus den Landschaften werden Städte, aus den Städten werden Gettos. Aus den Pflugscharen werden Schwerter und Flamme ... und Handfeuerwaffen.

Dein Blick geht über Favelas bis zu den goldenen Hügeln. Da wo die Schlösser des neuen Adels stehen. Mit Betonmauern umzäunt und von Privatarmeen bewacht.
Wie umgestülpte Gefängnisse,
in denen sich die Insassen frei vorkommen.
Weil sie sich entspannt einreden, es wäre ihr Verdienst, dass sie vom Boden und der Arbeit und den Ideen Anderer leben können. Weil ihr Geld jetzt für sie arbeitet!

Immer langsamer wird die Fahrt. Die Fliehkraft reicht kaum noch aus, um dich an deinem Platz zu halten.
Und du wirfst einen Blick zurück,
um ein schönes letztes Bild zu erhaschen
Aber alles was du siehst, sind hunderttausende Andere, die sich an ihren Sitzen festkrallen
Und alle heißen wie du: *Erich*!

Weil dein *Ich* hängt ja plötzlich nur noch
an einem *Er* hintendran:
   Er hätte ja den anderen Zug nehmen können!
   Er hätte ja nicht einsteigen brauchen!
   Er hätte die Welt doch verändern können!
   Ja, hätte *Er*, hätte *Er* nicht ...

Und dann sitzt du in deiner Alterskneipe vorm zehnten Gabiko* und überlegst, wie das alles so gekommen ist.
Und warum du den Geisterachterbahnsackkreisel nicht durchbrechen konntest.
Und plötzlich findest du die einzige Sollbruchstelle:

Er konnte nicht. *Er* war nur ein Kind!

Aber *Ich* ... *Ich* hätte mein Kind
nicht zum Rummel bringen sollen!

---

*Gabiko – ganz billiger Korn

JEY JEY GLÜNDERLING

SCIENTOLOGY

Diese Geschichte handelt von Sören Hendrik, einem großartigen Menschen und dem krassesten Opfer der Welt. Als wir in der fünften Klasse aufs Gymnasium kamen, hatten wir alle die einzigartige Möglichkeit, uns neu zu erfinden und zu präsentieren. Alles, was wir zuvor falsch gemacht hatten, konnten wir nun ausbügeln, denn keiner kannte uns. Also pushten sich alle permanent in ihrer Coolness, außer Sören Hendrik. Sören Hendrik definierte das Wort Mobbing neu.

Mit Sören Hendrik ging man nicht zur Schule, auf Sören Hendrik ritt man zur Schule. Ihm eine Nackenschelle zu verpassen wurde zur Funsportart der ganzen Klasse. Auch die Mädchen machten mit.
Wir alle hatten Englisch oder Französisch. Sören Hendrik hatte Latein, als einziger. Er kam immer mit Reflektorstreifen übersät auf dem Fahrrad zur Schule und auch im Klassenzimmer trug er häufig noch seinen Helm.
Auf dem Schulhof wurde es besonders traurig. Bei der Mannschaftswahl holte man sich nicht die Besten ins Fußball-Team, sondern versuchte Sören Hendrik um jeden Preis in die andere Mannschaft zu befördern. Wenn der häufige Fall eintrat, dass Sören Hendrik einen Ball voll in die Magengrube bekam, lief er jedes Mal auf

dich zu und schrie: „Die Reinigung kannst du zahlen!"
Als hätte jemals ein Kind dem anderen die Reinigung gezahlt und als würden Kinder zur Reinigung gehen. Sören Hendrik war dick und wurde bei Rundlauf überrundet.

In der sechsten Klasse hatte Sören Hendrik zum Geburtstag einen Bausparvertrag und einen türkisen 4-You-Rucksack bekommen, der stets zu hoch an seinem Rücken saß.
Sören Hendrik führte immer über den Pausengong hinaus Diskussionen mit den Lehrern, bei denen alle noch in der Klasse sitzen bleiben mussten.
Sören Hendrik petzte so oft, dass irgendwann die Klassenkonferenz zu einem wöchentlichen Jour-Fixe-Termin wurde. Nico, der ihn der siebten Klasse zu uns stieß und bereits mit dem Auto zur Schule kam, drehte auf Sören Hendrik komplett ab. Nicht nur musste Sören Hendrik ständig stellvertretend für Nico nachsitzen, sondern ihm auch jeden Tag ein Pausenbrot mit Pastrami, Blauschimmelkäse, Koikarpfenaugen und frisch geraspeltem Trüffel mitbringen.

In dieser Zeit wurde Sören Hendrik aus Mitleid in die Klasse integriert. Das dauerte allerdings nicht lange, da sich Nico nach fünf Monaten entschied, lieber den Werdegang eines Straßenapothekers einzuschlagen.

Zu Beginn einer jeden Landheimfahrt wurde Sören Hendriks Bett als erstes in den Flur geräumt und alle Möbel im Zimmer in Windeseile so umgestellt, dass danach kein Platz mehr für sein Bett war. Man nahm bereitwillig in Kauf, dass der Schrank quer im Raum lag und das Zimmer aussah wie die Installation eines wahnsinnig gewordenen Künstlers. Auch gegenüber der Herbergsmutter behauptete man felsenfest, dass es schon vorher so gewesen war.
Sören Hendrik wurde mit Axe-Deo-Sprühattacken wie eine Gazelle durch das gesamte Landheim gejagt. Als er versuchte, dies mit seinem Nivea-Roll-On-Deo zu kontern, brach eine Flammenwerferschlacht aus.

In der neunten Klasse kamen meine Eltern vom Elternabend wieder und ich wachte mitten in der Nacht auf, weil sie unfassbar laut über Sören Hendriks Eltern lästerten. Sören Hendriks Eltern waren wie immer im Jack Wolf-Skin-Partnerlook erschienen. Sören Hendriks Mutter war freiwillige Schülerlotsin geworden, die in einer Warnweste mit ausgestreckten Armen bartwüchsigen Abiturienten über den Zebrastreifen helfen wollte, aber wie ihr Sohn nur Nackenklatscher erntete.

Dann kamen die Sommerferien vor der zehnten Klasse. Wir alle dachten, Sören Hendrik würde völlig sonnenverbrannt von einer sechswöchigen Wanderung durch langweilige Heidelandschaft zurückkehren.

Stattdessen hatten wir einen neuen Mitschüler. Braun gebrannt, muskulös, voller Goldketten und mit glücklich lässigem Grinsen stand er vor uns. Es war Sören Hendrik. Er war wie ausgewechselt.
Ausnahmslos alle Mädchen himmelten ihn gnadenlos an und er hatte ständig einen Dreier auf dem Schulklo. Sören Hendrik hatte auf einmal die geilsten Sprüche drauf. Er wurde unglaublich beliebt, schlau, witzig und gehyped. Sein Abitur war perfekt. Er wurde ohne Studium direkt in den Vorstand eines Global Player Konzerns berufen und erhielt sogar fürs Kacken Geld.
Sören Hendrik konnte alles, was krass war, er schob ständig nur noch Jetlag und er hatte einen Panzer von Gucci.

Wie hat Sören Hendrik diese 180°-Wendung in seinem Leben geschafft? Wie brachte er es zu unermesslichem Reichtum, einer steilen Karriere und einer ewig währenden glücklichen Ehe mit einem Topmodel?
Sören Hendrik bin ich selbst und ich schaffte es mit Scientology.

Ich schreibe nicht, um euch von meinem Erfolg zu erzählen. Ich schreibe, um euch zu erzählen, wem ich diesen Erfolg zu verdanken habe.
Ich verdanke all das L. Ron Hubbard.
1954 gründete er Scientology und reinigte die Welt vom Schlechten. Sicher ist Scientology nicht günstig und

sicher gibt es Gegner. Doch wo Erfolg regiert, ist Neid nicht weit.

Ich weiß, wie es ist, von ganz unten zu kommen.

Ich weiß, wie es ist, einsam einzuschlafen und einsam aufzuwachen.

Ich weiß es und ich sehe es in euren müden Augen: Viele von euch fühlen sich auch täglich schwach, sind dem Druck nicht gewachsen und haben Angst.

Angst zu Versagen,

Angst aus dem Haus zu gehen,

Angst zu leben.

Ihr seid kleine, hilflose Rehkitze im Scheinwerferlicht eines heranrasenden Lasters. Aber ihr könnt zur Stoßstange werden.

Kommt in unsere Scientology Kirche in der Kaiserstraße 49a in Frankfurt, wir haben jeden Tag von 10 bis 22 Uhr geöffnet.

Lernt das Glück.

Lernt von uns.

Werdet so wie ich.

RABAN LEBEMANN

BEZIEHUNGSMENSCH

Ich bin ein absoluter Beziehungsmensch!
Und zwar seit 8 Jahren! Einer von der richtig widerlichen Sorte! Pärchenurlaub, Pärchenfreundeskreis, natürlich ein Pärchenname (wie Brangelina), dazu süße Kosenamen, Babysprache, gemeinsames Profilbild bei Facebook, Partnerkostüm an Fasching und Sex selbstverständlich nur an Tagen, die nicht mit G enden. Dazu beendet der Eine die Sätze des Anderen und am Wochenende findet man mich ausschließlich bei IKEA in der Dekoabteilung. Kurz gesagt: In meinem Leben scheißen rosafarbene Einhörner Regenbögen!

Doch auch ich kenne durchaus noch ein Paar Singles, die sich in meiner Peripherie aufhalten, welche ich aus der Tiefe meines Herzens für ihr Alleinsein bemitleide! Denen ich aber auch einen gewissen Respekt zolle, da ihr Leben mir immer wieder eine ganz andere Welt aufzeigt.

Meine Abende beginnen meist so:
Als ich um 20 Uhr die Schweinelende an Spinat aus dem Ofen holte und der blonden Frau auf den mit einer Kerze gedeckten Tisch stellte, war wieder einer dieser Momente, den man perfekt nennen könnte.

Der Peripherie-Single hingegen, schmeißt sich, bevor sein Abend überhaupt beginnt, schnell eine TK-Pizza in den Ofen.

Auch wenn der Ausgang des Abends in beiden Fällen recht gleich aussieht:

"Die blonde Frau schlief neben mir ein!"

Es gibt allerdings kleine, aber feine Unterschiede in der konkreten Ausgestaltung.

Während bei so einem Peripherie-Single zwischen beiden Teilen der Geschichte locker 8 Stunden, 7 Bier, 6 interessante Gespräche, 5 Jägermeister, 4 peinliche Körbe, 3 neue Nummern und 2 nicht selbst herbeigeführte Orgasmen liegen, ist bei meinem Abend eigentlich nur eins total klar und zwar, dass null passiert.

Ok, also zum Essen wird im Ersten die Tagesschau geschaut, um danach zu zweit 3 Nachtische zu vernichten, 4 mal zu zappen, um nach 5 weiteren Sendern beim sechsten Teil von Harry Potter auf Pro Sieben zu landen. Aber ACHTung, nicht zu lange machen! Am nächsten Morgen muss man um 9 Uhr raus, um es rechtzeitig zum 10-Euro-Brunch mit 11 weiteren Freunden zu schaffen.

Wenn die spannendsten Themen sind, wohin der Urlaub geht, wer sein zukünftiges Kind Paul, Alexander oder Hannah nennen darf, Julia doch tatsächlich von Torsten schwanger ist, Elisabeth und Till bald heiraten werden und man sich gestern beim Bummel über den Flohmarkt doch wirklich diesen alten, wunderschönen Sekretär gekauft hat, ist man eindeutig in der Pärchen-Brunch-Hölle gelandet. Probleme bestehen dort aus der Frage, ob man anstatt seines Soja Chai Latte heut nicht doch mal einen konventionellen Cappuccino trinkt, aber bitte auf jeden Fall nur mit laktosefreier Milch, denn das schmeckt viiiiieeeeelll besser.

Manch einer nennt das verspießte Scheiße; ich finde das perfekt.

GENAU SOOO muss ein Wochenende laufen. Abgesehen von den Besuchen bei Ikea, dort fand ich es schon immer irgendwie mehr so „geht so".

Dann taucht der Peripherie-Single, natürlich viel zu spät und total verstrahlt, auf und bestellt sich erstmal ein Konterbier zu seinem 10-Euro-Brunch. Was die übrigen anwesenden Pärchen, vorzugsweise alle mit coolen Pärchennamen ausgestattet, zu einem angeekelten Gesichtsausdruck treibt, da zwischen der leichten Bewunderung für den Peripherie-Single irgendwo die Angst versteckt ist, wie man sich selbst in diesem Haifischbecken des Solo-Daseins schlagen würde, wenn man müsste und ob viel zu früher Alkoholkonsum Voraussetzung oder Folge eines Lebens alleine ist.

Wenn dann dieser Peripherie-Single nach und nach die Geschehnisse des letzen Abends in aller epischen Breite vor den anwesenden Symbiosen lautstark verbalisiert hat, wenn er unseren Morgen damit bereichert, wie er es gestern geschafft hat, auf 3 Hauspartys mit seinem Kumpel den Alkohol leerzutrinken und auf dem Weg ins eigene Bett irgendwo noch eine klargemacht hat, danach alle im Lokal zuhörenden Bruncher über seine Tinderabschlussquote im hohen vierstelligen Prozentbereich informiert, wenn seine Erzählungen nach Storybooks klingen, die selbst Gina Wild nicht drehen würde, dann wird aus Abscheu auch ein wenig Bewunderung.

Ich bin schon überfordert, wenn ich auf einer dieser Partys kurz alleine dastehe. Sollte mich dann auch noch ein fremder Mensch kurz mit seinem Blick streifen oder gar ansprechen, wird aus der Überforderung nur eins:
PANIK!
Wie zur Hölle sollte ich heute jemals wieder eine Frau kennenlernen?
Deswegen bin ich froh, in meiner Symbiose gedanklich den übernächsten Sommerurlaub zu planen und beschließe, in meinem Leben überhaupt niemals mehr solo zu sein.

Leider gehören dazu immer 2...
Und so stehe ich in den ersten Wochen nach der Trennung bei jeder Veranstaltung alleine neben sich angeregt unterhaltenden Peripherie-Singles, die plötzlich das Zentrum meiner Abende sind.

Während ich meine Situation langsam wieder zu genießen beginne, entwickele ich ein Auge für all die verborgenen Dinge. Plötzlich sehe ich, wie Klaus mit Karla unterm Tisch etwas mehr als nur Händchen hält, wie Sebastian und Katarina gemeinsam Richtung Klo verschwinden.

Ich stelle fest, dass es erst nach 2 Uhr richtig zur Sache geht, wenn endlich all die verkackten Pärchen verschwunden sind. Die Musik scheint ab dann besser als auf den früheren Partys, die Stimmung ekstatischer und der Raum mit coolen Menschen nur so gespickt!

Allein zu zweit wurde zur neuen Umschreibung für eine längst vergangene Zeit, drei sind besser als zwei zum neuen Leitspruch, nicht nur im Bezug auf Alkohol!

Der Weg, dies zu genießen, war schwierig, denn ich musste schmerzlich herausfinden, dass sich keiner für meine Urlaubsplanung im übernächsten Jahr interessiert und nachts um 3 nirgendwo ein anständiger Chai Latte zu bekommen ist. Außerdem ist Harry Potter bei aller Liebe kein Thema, das man mit 'nem Bier in der Hand seriös diskutieren kann. Und mit einer scheiß Schweineelende auf Spinat habe ich bis heute noch keine weitere Frau dazu gebracht, am nächsten Morgen neben mir aufzuwachen.

Die Welt ist komplizierter geworden, denn ich hetze von Termin zu Termin, immer auf der Suche nach der nächsten coolen Geschichte, die ich meinen Peripherie-

Pärchenfreunden am Sonntagmorgen zum Brunch erzählen kann. Damit Brangelina, PaulAnna und IsaTim mich nicht mit diesem mitleidigen Blick belegen, wenn ich mir um 11 das erste Bier des Tages bestelle, nicht weil ich es muss, sondern weil ich es kann.

Sie sollen voller Bewunderung erstarren, wenn ich meine Geschichten von den überkrassen Touren durch die Welt des Solo-Daseins erzähle, die sie in ihrer heilen Pärchensymbiose nicht erleben werden, solange es am Samstag bei Ikea zum Hotdog keinen Wodka gibt.

SPORT
Jey Jey Glünderling

„Sport macht attraktiv und ist irgendetwas, wobei man schwitzt. Wenn es richtig krass wird, ist dabei eine Fackel am Start."

Diese clevere Definition von Sport stößt allerdings schon bei Schach sowie dem Aussehen von Dart-Profis an ihre Grenzen, und scheitert an diesem Buch vollends. Die vorliegenden Autoren können mit der herkömmlichen Form körperlicher Ertüchtigung eher weniger anfangen, was man ihnen übrigens gar nicht ansieht.

In diesem Buch wird Sport neu definiert. Zwar geht es auch um spektakuläre Transfersummen, die in diesem Fall jedoch Robin Baumeisters Tasche verlassen. Aber seit Sportkanäle Pokerspieler pushen, die mit ihren Kapuzen auf dem Kopf wie Dementoren aussehen, liegt Robin mit seinem Text absolut im Trend. Jan Cönig verdeutlicht, dass die Diskussion mit einem Veganer durchaus ein sportliches Unterfangen werden kann. Außerdem kommen in seinem Beitrag Liegestütze vor, die eine Platzierung in dieser Rubrik mehr als rechtfertigen. GAX widmet sich dem Wettlauf gegen die Zeit. Ob vorgetragen oder selbst gelesen, dieser Text hinterlässt eine Staubwolke. E-Sports erleben aktuell einen internationalen Hype, der unter anderem von Raban Lebemanns Baller-Skills befeuert wurde. Er beschreibt, wie selbst kleinste Bewegungen zum Sport werden können. Ins Bett zu fallen wie nach einem Marathon, obwohl es nur der Alltag war, ist Thema in meinem Text.

Das ganze Leben wird zum Sport, hier ist die Auszeit.

ROBIN BAUMEISTER

RENDEZVOUS MIT JAMES BOND
(Unterwegs im Geheimdienst Ihrer Majestät)

Du Motherfucker, **stirb**!
An einem anderen Tag wäre ich vielleicht nicht so brutal mit dem einarmigen Banditen umgesprungen, vor dem ich nun saß. Doch nachdem ich fast mein komplettes Geld bei Roulette und Black Jack verspielt hatte, zerrte ich an dem einzigen Arm dieses Gauners, als hinge mein Leben davon ab. Und das mit Recht!
Immerhin war er im Begriff, mir langfingrig auch die letzten Cents aus der Tasche zu ziehen.

Dabei hatte der Abend so gut begonnen:
Ich war am Tag zuvor 21 geworden und somit endlich alt genug, um auf legalem Wege mein Geld zu verlieren. Mit ein paar Freunden, die das gleiche Schicksal teilten, machte ich mich, all meine Ersparnisse in der Tasche, auf, um diese zu vermehren.
Für diesen Abend hatten wir uns sogar extra fein herausgeputzt, mit Anzug und Fliege. Dass es sich bei meinem um meinen Konfirmationsanzug handelte, der vor Jahren einmal nur 60€ bei C&A gekostet hatte und mir damals noch drei Nummern zu groß, jetzt eher ein, zwei Nümmerchen zu klein war, musste ja niemand erfahren.

Frohen Mutes machten wir uns also auf, endlich den Reichtum abzuholen, der schon seit 21 Jahren auf uns gewartet haben musste. Ich wollte so lange spielen, bis ich genug Geld beisammen hatte, um selbst meine Toilette zu ver**golden. Ei** ei ei! Was war das bloß für eine Schnapsidee!

Vor den Toren der Spielhalle angekommen, wurde uns dann doch ein wenig flau im Magen und wir diskutierten kurz, ob wir dieses Wagnis wirklich eingehen sollten.
Pierre, der wohl Vernünftigste unter uns, merkte an:
„Jungs! Wenn wir jetzt da reingehen, gibt es kein Zurück mehr! Das ist ein Spiel mit dem **Feuer!**"
„**Ball**spiele mochte ich schon immer gern! Wieso dann nicht auch Glücksspiel? Lasst es uns versuchen!"
Zwar ist uns bis heute der kausale Zusammenhang, der Mike, der wohl nicht gerade als das Superbrain der Gruppe bezeichnet werden könnte, zu dieser Aussage veranlasste, nicht bekannt. Jedoch gab uns diese den letzten Anstoß, uns in unser Verderben zu stürzen.

„YOLO!", dachten wir uns wohl und traten ein.
Doch schon beim Betreten der Eingangshalle wurde uns Angst und Bange, denn in der Mitte des Raumes prangte ein riesiger **Mann mit einem goldenen Colt**. Zum Glück nur eine Statue. Aber klar, wer sonst hätte uns am Eingang eines Casinos empfangen sollen, das „Golden Gun" hieß.

Als ich dann so an dem Automaten saß und gerade im Begriff war, mein letztes bisschen Klimpergeld in den Schlund dieses gierigen Nimmersatts zu schmeißen – natürlich ohne Aussicht auf Erfolg – sah ich sie: meine Traumfrau. Und das hier. Und zu dieser Stunde.

Sie hatte Haut aus Alabaster, Augen, mit deren Funkeln die reinsten Saphire nicht hätten mithalten können, ein Lächeln aus **Gold, Finger** wie eine alte Hexe. Moment! Finger wie eine alte Hexe?! Ih Bah!! Das wird wohl doch nichts mit uns beiden, Fräulein.

Ich habe mal gelesen, dass Hexen ihr komplettes Äußeres verändern können, nur ihre Hände nicht. Das hast du dir so gedacht, Hexenweib! Aber nicht mit mir!

NICHT – MIT – MIR!!

Ich wendete natürlich sofort meinen Blick ab, nicht dass sie mich noch versteinern würde, und konzentrierte mich wieder darauf, auch meinen letzten Groschen zu verlieren.

Nach diesen niederschmetternden Erlebnissen hätte ich wirklich etwas mehr als nur ein **Quantum Trost** gebrauchen können …

Doch es sollte noch dicker kommen.

Erst um Null Null Sieben Uhr morgens kam ich aus dem **Casino.**

„**Royal** TS. Zwei. Eine kleine Pommes und eine große Cola bitte – geschüttelt nicht. Gerührt auch nicht. Aber ohne Eis."

Der Mann an der Kasse schaute mich verständnislos und ein wenig erbost an."
„Im Namen Ihrer Majestät!", brüllte er, wohl doch ein wenig mehr als nur ein wenig erbost, „Was denken Sie denn, wo Sie hier sind?! Das ist eine Tankstelle und kein Schnellrestaurant!"
Er würde mir wohl keine **Liebesgrüße aus Moskau** schicken, selbst, wenn er mal dorthin käme. Aber was soll's. Auf Liebesbekundungen eines Tankwarts war ich, selbst in meiner derzeitigen Lage, nun wirklich nicht angewiesen. Außerdem hätte ich sowieso kein Geld gehabt, um meine Bestellung zu bezahlen und trat den Rückzug an.

Meine Freunde hatte ich inzwischen verloren, wie das immer so ist, wenn man über Nacht weggeht und vielleicht einen, oder zwei über den Durst trinkt. Dabei hatte ich meiner Meinung nach nur zwei Martini gehabt: den ersten. Und den letzten.
Resigniert trottete ich in Richtung Bahn, um dann endlich in mein Bett fallen zu können – dachte ich zumindest. Aber wieder einmal machte mir der Alkohol einen Strich durch die Rechnung.

Das Nächste, an das ich mich erinnere ist, dass mir jemand den Lauf einer Flinte ins Gesicht hielt. Ich fühlte mich wirklich, als wäre mir der Himmel auf den Kopf gefallen und blinzelte dem Mann mit der Flinte entgegen.

„Haben Sie denn eine **Lizenz? Zum Töten** von Wild in diesem Wald benötigt man eine Genehmigung der Forstaufsichtsbehörde!"

Was redete der denn da? Ich blickte nach rechts und sah ein totes Reh neben mir, dessen Gesäß mir wohl den Morgen über als Kissen gedient hatte. Das wurde mir jetzt alles zu bunt. Im Angesicht des Todes übergab ich mich auf den Kadaver.

Der Förster hatte wohl etwas Mitleid mit mir und merkte außerdem, dass ich das Tier in meinem derzeitigen Zustand nicht einmal hätte töten können, wenn ich wirklich gewollt hätte. Ich gab wohl ein sehr armseliges Bild ab, wie ich so in meinem schmuddeligen, verknitterten, etwas zu kleinen 60€-C&A-Konfirmationsanzug neben dem toten, vollgekotzten Reh lag.

Also fragte er: „Alles OK mit dir, Bürschchen? Brauchst du vielleicht einen **Doktor?**"

„**No!** No necessero un doctore!"

Wieso antwortete ich auf Spanisch? Ich konnte doch gar kein Spanisch. Na gut, ich war zweimal auf Mallorca gewesen, doch über vielmehr als „Hola, una cerveza, por favor!" gingen meine Spanisch-Kenntnisse wirklich nicht hinaus. Und auch dem Förster kam die ganze Sache wohl etwas Spanisch vor, denn er schaute mich an wie ein umgedrehtes Fragezeichen.

„Nein, mir fehlt nichts, nur ein bisschen Durst hätte ich."

Er ließ das Gewehr sinken und hielt mir seine Feldflasche mit frischem Wasser hin. Ich leerte sie gierig in einem Zug und gab sie dem Mann dankend zurück. Etwas wie „die Jugend von heute" brummelnd half er mir auf und fuhr mich sogar in seinem Geländewagen bis vor die Haustür.

Das war wirklich ein verrückter Abend gewesen. Aber zum Glück war ja nichts schlimmeres passiert. Hauptsache **man lebt! Nur zweimal** sollte mir das wirklich nicht passieren!

JAN CÖNIG

DIE FRIEDENSTAUBE

Es ist 10:30, früher Morgen. Ich sitze in der Küche unserer WG und mache mir Kakao. Erst etwas Milch, dann zwei Löffel Kakaopulver und wieder Milch. Schön verrühren.

Solange ich denken kann, starte ich so meinen Tag. Als Kind war es Nesquick, als Jugendlicher Nesquick, als Erwachsener Nesquick. Mein Morgenritual. Die Chance, dass der Tag gut wird.

Nils, einer von zwei Mitbewohnern kommt in die Küche.

„Nesquick?"

Ich nicke.

„Von Nestle?"

Ich nicke.

„Du weißt schon, dass das Schweine sind? Der Kakao kommt oft von der Elfenbeinküste. Da gibt es Kindersklaven. Für Nestea werden Tierversuche in Amerika durchgeführt! Und das ist erst der Anfang."

Müller kommt dazu. Unsere Nummer drei.

„Hältst Du hier wieder Deine Vegana Monologe?", fragt er Nils und lacht.

Nils lacht nicht. „Ich verstehe einfach nicht, wie man seine moralische Verpflichtung so überhaupt nicht fühlen kann. Gerade bei der Ernährung."

Müller bleibt entspannt. „Das ist ein Talent."

Nils wird ernst. „Ich sage Dir mal was: Wer nicht imstande ist, zu schlachten, der sollte auch kein Fleisch essen."

Müller fängt an, sich auszuziehen.

„Was soll das denn jetzt?", fragt Nils.

„Ich spinne Deinen Gedanken mal weiter. Ich habe nicht die geringste Ahnung, wie diese ganzen Sachen hergestellt werden. Ich kann keine Jeans klöppeln, nichts färben, ich weiß nicht, wie Baumwolle funktioniert…"

Nils verdreht die Augen. „Ich diskutiere nicht mit Dir, wenn Du nackt bist. Nicht schon wieder."

Müller bleibt noch ein paar Minuten nackt, dann hat er keine Lust mehr.

Nils schüttelt den Kopf. „Das ist so übertrieben."

„Nein. Das ist absolut. Und genau das finde ich so scheiße an euch Veganern. Das Prophetische. Ich erzähle doch auch nicht ständig davon, wie der Käse mich auf den richtigen Weg gebracht hat, wie Eier den Geist öffnen und Fleisch mich zu einem ganz neuen Menschen gemacht hat."

Nils: „Nicht jeder Veganer ist aggressiv. Das ist genau so ein Scheiß wie mit dem Islam und dem Islamismus."

Eine Taube fliegt in die Küche.

Müller sagt: „Küss die Taube."

Nils sagt: „Was? Nein!"

Müller: „Wenn Du Tiere so sehr liebst, dann beweise es und küss die Taube."

Nils: Im Gegensatz zu Menschen sind Tiere nicht böse.

Müller: „Sagst Du. Wir hatten mal eine Katze, die war ein richtiges Arschloch. Lass doch Jan seinen Kakao trinken. Er kauft das Produkt, nicht die Philosophie."

Nils: „Du würdest wohl auch von den Hitlers Kinderspielzeug kaufen!"

Müller: Nee. Aber Deine Klamotten kommen halt auch aus China. Und jetzt küss die Taube.

Nils: „Ich will die Taube nicht küssen."

Müller: „Aha! Du bist gar kein Tierfreund! Du folgst nur der Strömung. Als Kind hat Dir Fleisch nicht geschmeckt und von Milchprodukten musst du pupsen, also wirst Du mal schön hip und vegan."

Nils: Zeig mir doch mal, was für ein toller Fleischfresser Du bist und friss die Taube!

Jetzt ist der Punkt gekommen, an dem ich mich einmischen muss.

„Jungs, mir schmeckt kein anderer Kakao!"

Das haben wir getestet. Es war Sonntag. Vor mir standen 30 Tassen mit Kakao. Es gab Fertigmischungen, Pulver, Kakao mit Milch, Kakao mit Wasser, handgemixt und maschinenproduziert, heiß, kalt, bitter, süß…

Ich wurde gezwungen, sie alle zu trinken. 10 Liter Milch. 10 Liter Milch, um festzustellen, dass ich leicht laktoseintolerant bin. 10 Liter Milch um festzustellen, dass der menschliche Körper keine 10 Liter Milch verträgt. Keiner. Niemals.

„Küss die Taube!"

„Friss die Taube!"

Müller hebt den Zeigefinger „Ein Löwe isst Fleisch!"

Nils bleibt gelassen.
"Ein Gorilla isst kein Fleisch. Und jetzt?"

Die Taube schaut neugierig, ob sie in der Küche etwas Essbares finden kann. Fehlanzeige. Hab ich auch schon gemacht.

Ich habe übrigens mal drei Wochen auf Nesquick verzichtet. Das war hart. Ich wurde Schokoleriker.

Ich habe Kindern die Trinkpäckchen aus der Hand geschlagen und sie zum Platzen gebracht.

Im Supermarkt Glasflaschen mit einer Steinschleuder zerschossen und in jeder Küche Kakao- gegen Kaffeepulver ausgetauscht.

Was ich nicht haben konnte, sollte auch kein Anderer haben.

Müller holt nochmal aus: Der Welthunger ist ein Problem von Hierarchie, Gesellschaft und Wohlstand, nicht von Fleisch. Fleisch macht stark. Kein Fleisch – kein stark."

Nils macht demonstrativ 100 Liegestützte.

Müller macht 20 Liegestütze und kotzt auf den Boden. Die Taube flattert neugierig dazu und pickt in den Brocken.

Nils: „Jetzt werde ich sie erst recht nicht küssen."

Müller: „Das hat nichts mit Fleisch zu tun. Nur mit Bier. Ich bin starrrk!"

Müller versucht, die Waschmaschine hochzuheben und verletzt sich. Nils fährt ihn ins Krankenhaus.

Die Taube und ich bleiben zurück. Ich nenne sie Taubias.

Der Tag vergeht wie jeder andere. Aber etwas bleibt. Nicht das schlechte Gewissen. Nicht das Bedürfnis, etwas zu ändern. Es sind drei Worte, die mich ein Leben lang begleiten.

„Küss die Taube!"

GAX AXEL GUNDLACH

SECHS MINUTEN EWIGKEIT
(TEMPUS FUGIT)

Ja hallo, kommt, jetzt geht's aber mal los hier, komm!
Das ist ja erst der Anfang, aber die Zeit rast dahin
Denn wir haben nur 6 Minuten
Also nicht nur ich,
nein, wir alle haben jetzt nur diese 6 Minuten:
6 Minuten, um uns kennenzulernen
6 Minuten, um das Wertvolle in uns zu erkennen
6 Minuten, um so zu tun, als wüssten wir, worum es geht
6 Minuten, um wahllos einen Aspekt des Lebens hervor-
zuheben, ihn in schönen Worten zu veredeln,
ihm etwas Schlaues,
oder wenigstens was Witziges abzuringen;
nur um dann festzustellen,
ihm fehlen Kontext, Subtext und Komplexität,
schon um sich halbwegs selbst gerecht zu werden ...

Wie soll ich das alles in 6 Minuten?
Einen 12 Minuten-Text einfach doppelt
                        so schnell sprechen?
Schon beim Gedanken daran:
Zungenknoten, Ohrenbluten!
6 Minuten
Das sind 120 mal 3 Sekunden
Die maximale Spanne der Realitätswahrnehmung

Protention, Moment, Retention ...
Oder auf gut Deutsch:
Totalschnellcheckervorahnung,
Zack!-Instant-Augenblickerlebnis,
Superultrakurzzeiterinnerung!
Alles zu einer einzigen Wahrnehmung verschmolzen.
Das ist unsere Gegenwart.
Mehr können wir nicht fassen,
denn dann beginnt schon das Vergessen,
das Loslassen!
Damit der Speicher wieder frei wird für den nächsten
Augenblick; um wenigstens den festzuhalten,
fast faustisch in unserer Verzweiflung:
> *Werd ich zum Augenblicke sagen –*
> *Verweile doch, du geile Sau!*

Komm, mach mal schnell ein Foto!
Der eingefrorene Moment,
mit eingefrorenem Lächeln.
Verkrampft - weil wir die Zeit festhalten wollen:
mit dem Handy!
Was nicht auf einem Selfie ist, ist nie passiert!
Hier guck ma ... <u>Ich</u> vor fünf Sekunden!

Und das machen dann alle
– aber wohin mit den ganzen Bildern?
Ah ja, hochladen auf Facebook, Twitter, Instagram
300 Millionen Fotos pro Tag

Und wenn man dann mal eins wiederfinden will, dann stellt man fest: Das Scheißinternet funktioniert auch nicht besser als ein Scheißgedächtnis!
Man versucht einen wichtigen Gedanken wiederzufinden und landet bei lustigen Katzenvideos.
Und das geht alles von meiner Zeit ab.

Tempus fugit! Wie der Lateiner sagt.
Tempura Fugu! Wie der Sushi-Koch sagt.
Kugelfisch, ausgebacken, leider ein Stück Galle übersehen. Und schon hat man nur noch fünf Minuten bis zum irreparablen Nervenschaden. Da werden die 3 Sekunden Gegenwart zur Qual. Bis das zentrale Nervensystem vergisst, wie das mit dem Atmen ging.

Aber ich verschwende hier nur eure Zeit mit sinnlosen Details. Wenn man auf sinnlose Details steht, sollte man Romane schreiben; und nicht Slam-Poetry!
Denn bei der Dichtkunst geht es doch ums Verdichten, ums Komprimieren, die Langeweile aus dem Leben rausquetschen; den Sinn zu destillieren.
Das Lebenswasser, das Aqua Vitae
– oder Doppelkorn, wie man hier sagt
Das Große in wenigen Worten zusammenraffen
– Delyrikum Tremens! –
ganz großes DaDa-Dichtwerk
über homophone Silben von einer
                in die nächste Sprache gleitend:

Schlag Dein Herz auf Bet;/
on peut le sentir i;-
sea of emotions to dive in;/
tu no quieres perder tu a;-
mor/e hurting than we can bear;/
ge versetzen Gefüh;-
le/s sentiments ne vont pas mou;/
rir/e bajazzo si ti pia;-
ce/llos come humming from hea;
/wenn Du an mich denkst ...

Und dann ist das alle so verdichtet und komprimiert und abstrahiert, dass man es zwanzig Mal lesen muss, ums zu verstehen – wo bleibt denn da die Zeitersparnis?

Wenn ich Zeit sparen will, schreib ich Haiku:
Fünf – Sieben – Fünf Silben!
Diese Kamikazis haben gewusst, wie man Zeit spart.
Ich zeig euch mal wie so'n Haiku geht ...
und zwar total in die Hose ...
Mein Beziehungs-Haiku mit dem Titel:
Liebling, find'st du meinen Arsch zu dick?
    Nein Nein Nein Nein Nein
    Nein Nein Nein und nochmals Nein
    Nein Nein Nein Ja Nein!

Und das ist erst der Anfang einer stundenlangen Diskussion. Aber wir haben nur noch 3 Minuten!

Auf der anderen Seite:
darum wird man Slammer!
6 Minuten zu Frauen reden
– ohne unterbrochen zu werden – toll!
Und dann sitzen sie da:
schön, selbstbewusst, kulturinteressiert, humorvoll!

Und das ist ihre wichtigste Eigenschaft.
Denn ohne Humor lässt sich das Leben mit Männern
nicht aushalten!
Ich schwöre, ich hab's ausprobiert: es geht nicht!
Keine Chance, nicht mal 6 Minuten –
nicht mal in den 6 guten Minuten!

Außer es ist die wahre Liebe
Und nicht die Liebe als Ware
Bei uns in Frankfurt liegen Rotlichtviertel und Bankenviertel ja direkt beieinander
– weil es dasselbe ist!
Du gibst dein Geld ab und dann wirst du gefickt
Und Ticke tack ticke tack ticke tack,
... auch da läuft die Zeit:
Reingehen, auswählen, zahlen, Hose runter, vorzeitiger Samenerguss
Da waren sie wieder, die 3 Sekunden
– ja was eigentlich?
Spaß? Freude? Selbstbestätigung?
Hurra, es geht noch!

Und dann wieder Ticke tack ticke tack ticke tack
Bald 4 Minuten vorbei
Wie ein Boxer in einem verschobenen Kampf
Fast 2 Runden à 3 Minuten durchgestanden
– ich ohne Kopfschutz! Ihr ohne Ohrenschutz –
jetzt noch ein paar Schläge von den andern Slammern einstecken.
Und dann kann ich mich endlich mal fallen lassen.
Da geh ich einfach zu Boden: nach 5 min. 30!
So ist es mit der Slammastermafia abgemacht.
Ich habe mein ganzes Fahrtkostengeld darauf gesetzt
– dass ich abkack!

Aber so ist das Leben
Nur so kann man es begreifen, – in der Niederlage
Man muss die Mousse-au-Chocolat vom Stacheldraht abgeleckt haben, sonst kann man nichts erzählen ...
von meinem Leben!
Und da hättet Ihr Spaß dran,
denn mein Leben beruht auf einer wahren Geschichte!
Aber für die haben wir jetzt keine Zeit mehr

Denn gleich ist es nur noch eine Minute.
Die läuft so runter wie der Countdown an einer Bombe.
Aber man muss keine Angst haben, wenn der Held in der Nähe ist – und ich bin ja da! –,
dann zählt das Zählwerk nie auf Null runter,
bleibt immer bei einer Sekunde stehen.

Und dann fragt man sich zu Recht:
Wenn das Leben so wäre; wenn es wirklich so wäre –
warum haben wir dann immer Angst vor dieser letzten Sekunde?

Weil man in einer Sekunde nichts,
aber auch wirklich gar nichts mehr machen kann?
Und da widerspreche ich!
Man kann sehr viel schaffen in einer Sekunde.
Man kann *Ja!* sagen zu Menschenrecht und Demokratie
– eine Sekunde!
Man kann *Nein!* sagen zu Hass und Krieg,
oder auf die Frage: Findste meinen Arsch zu dick?
– eine Sekunde!
Man kann sich einfach so in einen wildfremden Menschen verlieben, grundlos. Ich schwör's Euch, ich hab's ausprobiert: eine Sekunde reicht!

Gut, manchmal dauert es Jahre, bis sich die Erkenntnis auch beim Anderen durchsetzt - aber das Verlieben;
das dauert nur eine Sekunde!
Und das ist dann wie bei der Bombe:
Plötzlich bleibt die Zeit stehen!
Es ist nur eine Sekunde, aber es ist wie die Ewigkeit;
20, 30, ja vielleicht 40 Jahre Beten Hoffen Bangen Zweifeln Üben und Vorfreude finden in dieser Sekunde ihre Erfüllung;

ein Wärmeschock, der den langen sibirischen Winter der
Einsamkeit, der Sinnlosigkeit hinwegschmilzt:
Plötzlich wird das ganze Leben zur Gegenwart!
Plötzlich, endlich ergibt alles Sinn!
Und dafür braucht man keine 6 Minuten
Apropos, wie viel Zeit bleibt mir denn noch?
18 Sekunden? 12? Oder 5?
Dann kann ich mich ja noch 5 mal verlieben
In Dich! Und Dich! Du da! Und er da hinten ...

Ich verliebe mich solange weiter,
bis meine Zeit abgelaufen ist!
Denn das sind meine 6 Minuten!
Gut, nicht 15 wie Warhol versprochen hat, aber 6!
360 Sekunden, 360 Mal verlieben
Am besten, Ihr macht alle mit!
Schaut Euch um und verliebt Euch!

Macht was aus Eurer Zeit!
Bevor der große Meister kommt und den Stecker zieht
- Der Tod aus Venedig:
*Mein Name ist Meister Umberto und ich bin gekommen,
um dir den Stecker zu ziehen!*

Ja, na klar, ich versteh schon – *zwinker zwinker* –,
Meister *Um*berto:
Also Tod durch Kalauer, oder was?!

RABAN LEBEMANN

TREMOR

5 Kippen, 4 Tassen heißen Kaffee, unzählige Zettel, 1 Döner, 3 Flaschen Bier, einen Spiegel, mehrfach mein Handy und zur Krönung mein Patenkind.
Das ist die Liste der Dinge, die mir in den letzten 48h aus der Hand gefallen sind.

Wem es noch nicht aufgefallen ist, ich zittere etwas. Also eigentlich hat das mit zittern nichts mehr zu tun! Meine Hände bewegen sich so schnell, als würden sie den Hummelflug schneller dirigieren wollen als ihn David Garret auf seiner verschissenen Stradivari spielen kann.
--dudeldudu--
Ich hatte das Zucken meiner Hände noch nie unter Kontrolle. Als Kind bekamen alle anderen ihr Eis in der Waffel ... ich bekam den Becher! Da ich mir sonst das Eis grundsätzlich in bester Bewegungslegastheniker-Manier im gesamten Gesicht verteilt hätte!
Schon seit der Schulzeit schreibe ich in einem Geheimcode, den außer mir Niemand lesen kann, im Kunstunterricht wurde ich van Gogh genannt, da selbst die feinsten Zeichnungen bei mir in einer wilden Tupftechnik entstanden und beim Werken bekam ich als einziger nur die Werkzeug-Attrappen in die Hand, da ich sonst jetzt auch wie van Gogh aussehen würde.

Doch richtig schlimm wurde es erst, als ich anfing, zu rauchen und zu trinken. Seit meinem 12. Lebensjahr kann ich also ohne Streuverlust weder den Abwasch machen, noch den Tisch abräumen. Was das alleine Leben zum echten Problem werden lässt: Als ich einmal am Muttertag versuchte für das Familienfrühstück Spiegeleier zu machen, kamen die schon als Rührei aus der Schale! Ich werde, sobald es irgendjemanden juckt, zum Kratzen gerufen und meine Mutter verkaufte schon vor einiger Zeit ihre Kitchen-Aid-Küchenmaschine, da ich Eischnee wesentlich schneller und effektiver steif schlagen kann, indem ich einfach meine Hand scheinbar ruhig in den Rührbecher halte.

Meine Eltern schleppten mich in meiner Jugend von einem Arzt zum anderen. Doch keiner fand die Ursache. So entdeckte ich nach und nach die Vorteile des Tremors: In online Ballerspielen ist mein Aiming überragend, da die Maus bei mir überall auf dem Bildschirm zu finden ist!
Außerdem hatte ich schon früh den perfekten Nebenjob, in einer Bar, hinter der Theke, und bereitete hauptsächlich – Cocktails zu! Zwar bekomme ich in meinem Leben niemals einen klassischen Martini hin, aber niemand kann einen Pina Colada so cremig schütteln wie ich! Das klappte auch super, bis zu dem Tag, an dem alle Servicekräfte ausfielen, und ich Teller und Tabletts zu den Gästen bringen sollte: TELLER UND TABLETTS!

Das allseits beliebte Kinderspiel, Eierlauf, war ein Scheiß gegen diesen Arbeitstag! Ich balancierte, ich riss mich zusammen, ich gab alles! Am Abend waren 14 Gläser, 5 Teller und die Stimmung im Laden zerstört, und ich meinen Job los.

Als ich begann, mich für Frauen zu interessieren, wurde der Tremor endgültig zum richtigen Problem. "Darf ich dir einen Drink überschütten" kommt als Anmachspruch doch nicht ganz sooo gut an. Und da Nervosität das Zittern noch verschlimmert, muss das Gefühl mich zu küssen in etwa so cool sein, wie der erste Kuss mit 'nem 13-jährigen Computer-Nerd.

Bei einem Date lud ich meine Herzdame zum Sushi essen ein. Ich hatte an alles gedacht, der Laden war klein, gemütlich und romantisch, unser Tisch mit einer Kerze geschmückt. Doch dann kamen sie, die Folterinstrumente der Asiaten: STÄBCHEN!

Während Sie Sushi aß, schmiss ich im Stile eines epileptischen Konfetti-Clowns Nigiri und Maki in Richtung meines Mundes und versuchte wie eine dressierte Robbe den rohen Fisch aus der Luft zu fangen! Ich bin mir bis heute nicht sicher, ob ich an diesem Abend auch nur ein Stück Fisch gegessen habe. Wie zu erwarten war, blieb es das einzige Date.

Also versuchte ich alles, um meine Situation zu verbessern! Beruhigungsmittel, Yoga, Pilates, Kaffeentzug, Nikotinentzug, Alkoholentzug, Zuckerentzug, Verzicht auf

Kohlehydrate, Verzicht auf Fleisch, Verzicht auf alle tierischen Produkte, Verzicht auf Gluten, Verzicht auf Wichsen, Verzicht auf alles, was Spaß macht, Verzicht auf alles, was keinen Spaß macht. Das Ergebnis war stets das Gleiche: ES GAB KEINS!

Irgendwann blieb mir nichts anders übrig, als mich mit der Situation endgültig abzufinden und meinen Tremor genauso wie meine Glatze zu akzeptieren.
Getränke bestelle ich seitdem nur in Flaschen, mit Strohhalm, auch Bier! Was durchaus etwas entwürdigend ist, aber mir das Mitführen von Wechselklamotten erspart. Essen auf die Hand vermeide ich, Suppen esse ich nur noch aus der Schnabeltasse, die ich meinem Patenkind geklaut habe und Stäbchen, Stäbchen habe ich aus meinem Leben komplett verbannt!

Ansonsten bin ich jeden Tag dafür dankbar, dass ich keine Frau bin und deswegen aufs Schminken verzichten kann. Wobei das Ergebnis in meinem Gesicht nicht schlimmer aussehen würde, als wenn ich mich mal wieder beim Rasieren meiner Platte fast skalpiere, da ich mit dem Rasierer abrutsche und für mehrere Wochen mit einer tiefen Wunde auf meinem Kopf durch die Gegen laufen kann. – Freunde schenken mir dann gerne Dinosaurierpflaster, weil sie das besonders witzig finden! Doch besser, besser ist es bis heute noch nicht geworden.

Und jetzt stelle ich mich auf Slam-Bühnen ... ausgerechnet dahin, wo jeder sehen kann, wie krass meine Hände zittern, wo das weiße Blatt in meiner Hand das Zittern noch mal verstärkt. Aber wenn ich meinen Text fertig vorgetragen habe, und er euch gefallen hat, und ihr applaudiert, während ich von der Bühne gehe, dann pumpt mein Herz Adrenalin in alle Körperteile. Mein Gehirn setzt Endorphine frei und mein ganzer Körper beginnt zu beben und zu zittern. Genauso schnell wie meine Hände es tun.

Ich hab dann das Gefühl, dass alles ganz normal ist, da das Zittern erklärbar wird! Der Tremor ist nicht mehr wichtig, und für die nächsten 5 Minuten schaut mir niemand mehr auf die Hände.

JEY JEY GLÜNDERLING

LEBENSGIER

Ich sitze auf einem Hochsitz und esse Bucheckern. Die kann man ja bekanntlich essen und die schmecken gar nicht so schlecht. Während ich die Bucheckern esse, fühle ich mich zutiefst in meine Kindheit zurückversetzt. Ich bin dankbar dafür, dass meine Eltern mit mir früher häufig in den Wald gegangen sind. So konnte ich bei allem Desinteresse an der Natur doch eine gewisse Vertrautheit zu ihr aufbauen.
Heute ist ein herrlicher Herbsttag und ich genieße die entspannte Melancholie des Absterbens um mich herum. Zwei Stunden bin ich durch den Wald gelatscht, um auf genau diesem Hochsitz die Seele baumeln zu lassen. Bis auf die Vögel und Rehe ist es still. Die Luft hat Geschmack. Das Sonnenlicht bricht sich im Baumstaub und die Blätter werden flügge.
Wenn mir hier jetzt was passieren würde, hätte es überhaupt keinen Sinn, einen Notarzt zu rufen, weil ich gar nicht beschreiben könnte, wo ich genau bin. Das hier ist definitiv ein gesegnetes Fleckchen Erde.

Ich habe mir einen Tag frei genommen.
Frei genommen von meinem Auf-die-Fresse-Leben, das ich sonst führe. Ich bin jeden Tag auf der Suche nach Erfüllung und auf der Flucht vor der Langeweile. Jetzt gerade bin ich glücklich, auch wenn man das nicht

sagen darf, weil es sich nicht ziemt und immer wieder Argwohn weckt. Doch jetzt gerade bin ich genau dort, wo ich sein will und das ist so selten der Fall. Immer muss ich weiter, alles mitnehmen, bloß nichts auslassen.
Irgendetwas treibt mich, eine Peitsche kreist unaufhörlich in meinem Inneren und lässt mich nur im Schlaf zur Ruhe kommen.

Ich habe einen Fulltime-Job. Seitdem ich Geld verdiene und mich selbst ernähren kann, bin ich niemandem mehr Rechenschaft schuldig und lebe genauso wie zuvor. Ich bin Arbeitnehmer geworden.
„Arbeitnehmer" – was für ein Scheißwort.
Ich nehme keine Arbeit, ich gebe Zeit. Auch wenn ich diese Zeit wegen interessanter Aufgaben vergesse, hole ich sie mir wieder zurück. Ich will nicht erschöpft nach Feierabend auf die Couch sinken, mir vor einer Serie Essen in den Mund stopfen, Wasser mit Haltbarkeitsdatum trinken und früh schlafen gehen.
Ich will mehr.
Normal zu sein, das ist wirklich verrückt.

Ich bin gierig nach Leben. Giere nach Leben.
Lebensgier. Lebenselexier.
So springe ich in meine Texte, wühle in Worten, schwim--me in Ideen, drifte ab, verliere mich in Gedanken und spaziere über Schranken, bis etwas entsteht, das nur erwachen kann, wenn sich der Tag mit seiner Ratio ver-

zogen hat. Denn manches Wissen kann man sich antrainieren und manches Wissen kriegt man nur durch's Fantasieren.

Am frühen violetten Morgen habe ich endlich wieder etwas kreiert, das mich berechtigt, Bühnen zu betreten. Es sind zwar nicht die Bühnen, die wir uns mit 17 ausgemalt haben, aber ich habe die Texte nie vergessen, die unsere Träume und unsere Weltfremdheit von damals manifestierten. Wir rappten Sachen wie:

„Stell dir einfach nur mal vor,
        es würde alles so klappen.
Ich könnt mein Geld mit Rap verdien'
        müsste nichts andres mehr machen.
Ich wär' dem 0815 Bildungsbürgerweg
        erfolgreich ausgewichen.
Ich hätt' zwar kein Diplom in Mathe,
        aber drauf geschissen!
Ich würd' bei jeder Show beweisen,
        dass ich freestylen kann
und würd mich wie ein Kind freu'n,
        hätte wer mein T-Shirt an.
Ich bliebe ich und wär' kein überirdischer Star –
bisher ist das nur mein Traum,
        doch vielleicht wird er ja wahr."[2]

---

2 Zitat aus Eddie Ed „Mein Traum" von 2006

Drei Koffeintabletten schleifen mich durch den folgenden Bürotag. Endlich Feierabend. Dann schnell ein Döner und ab zum Slam. Die Stunde vor dem Auftritt bin ich unfassbar nervös, jedes Mal. Meine 15 warholschen Rampenlicht-Minuten habe ich bereits deutlich mehr als ausgereizt. Jedes Mal frage ich mich, wofür ich mich freiwillig dieser nervigen Nervosität aussetze, die mir so massiv auf den Magen schlägt. Doch wenn ich die Bühne verlasse, weiß ich, warum ich all das auf mich nehme und warum diese Bretter für mich wirklich die Welt bedeuten. Denn diese Erfülltheit, vor Publikum einem Text Seele einzuhauchen, kann schlichtweg nichts ersetzen.

Ich bin gierig nach Leben. Giere nach Leben.
Lebensgier. Lebenselexier.
Ich breche mit einer wunderbaren Frau nachts ins Freibad ein, habe mit ihr Sex im mondbeschienenen Becken und trenne mich einen Monat später unter größten Schuldgefühlen.
Die Jungs stressen und schreien nach Exzess wie kleine Küken. So haste ich am Wochenende von Kater zu Kater zu Kater.
Ich stehe mit 40 Leuten in meinem Zimmer.
Wir alle ti-cken zu Aggro Berlin komplett aus. Einer zündet mitten in meinem Zimmer ein Bengalo und ich feiere es voll ab. Die nächsten zwei Wochen wird mein Bett konstant nach Bengalo stinken.

Scheiss drauf. Ich hänge eine Piratenflagge neben mein Fenster, damit jeder direkt weiß, was hier Phase ist. Ich sprinte durch die Paintballarena, während neben mir die Farbkugeln einschlagen. Das Adrenalin ballert durch meine Adern.

Ich schieße mit einem Jetski über die Wellen, beleidige bei Mariokart meine besten Freunde auf's Übelste, verliere mich bis zur Besinnungslosigkeit in abstrakten Gemälden, erlerne Spontanität durch's Reisen, fahre Fahrrad und rappe unter fuchtelnden Bewegungen mit, fantasiere mich in die Welt der drei Fragezeichen und lasse Stromberg meine Eingeweide vor physischer Fremdscham verkrampfen.

Meine Prämisse lautet lediglich: Wenn's nicht klatscht, ist es nicht passiert. Ich will mir diese Momente auf die Innenseite meiner Lider tätowieren, damit ich sie sehen kann, wenn ich sterbe.

Ich bin gierig nach Leben. Giere nach Leben.
Lebensgier. Lebenselexier.
Ich stürze mich in alles, was sich stürzen lässt.
Eines Tages werde ich dafür bezahlen. Nein, ich habe bereits dafür gezahlt, deshalb will ich es mir ja nehmen. Wenn mein Leben ein Film wäre, wäre es ein Cartoon, denn vor zwei Jahren habe ich beschlossen lieber glücklich als traurig zu sein. Das war eine weitreichende und gravierende Entscheidung, die einfacher und dümmer klingt, als sie ist.

Vieles um uns herum ist Scheiße. Sogar Windräder sind böse. Fledermäuse halten sie nachts für hohe Bäume. In der FAZ liest man dann von 900 jährlichen „Begegnungen" zwischen einer Fledermaus und einem Rotorblatt.

Anders als die Fledermäuse gehe ich danach, was mir gut tut. Ich lasse nicht mehr alles an mich ran und reiße mich aus den zwanghaften Sorgenspiralen meines Schädels, wenn es zu nicht mehr führt als Pein.
Wenn man den Sorgen entflieht, balanciert man auf der dünnen Schwelle zur Oberflächlichkeit. Aber wenn man sich anstrengt, kann es tatsächlich funktionieren. Genau so wie Bucheckern schmecken, wenn man sich mal wieder die Zeit nimmt sie zu essen. Exzess muss nicht laut sein. Der heutige Tag im Wald entlockt mir abends nur den Satz: „I've had my elephant ride."

Ich kenne keine schönere Formulierung für Zufriedenheit als diese: „I've had my elephant ride."
Und außerdem ist es einfach verdammt majestätisch von einem Hochsitz runterzupissen.

BERUF & CHANCE

Poetry-Slam vereinigt so unterschiedliche Berufsbilder wie Autor, Texter, Schreiber, Dichter, Redner, Darsteller, Schreihals und Opferlamm. Aber man ist auch sein eigener Agent, Fahrer, Reiseleiter und Verleger. Und um mal eine der meist gestellten Fragen „Und davon kann man leben?" vorwegzunehmen und auch gleich zu beantworten: Nö, kann man nicht!

Deswegen soll der geneigte Zuschauer ja mittels dieses Buches auch zum geneigten Leser werden, gegen Hartgeld ... oder Scheingeld! Aber wie hat ein Chefsprecher der Tagessau in passender Runde schon mal so schön gesagt: „Brot ist der Applaus des Künstlers!"

Also, bringt gefälligst Baguette, Ciabatta und Pumpernickel zum nächsten Poetry Slam mit, aber vergesst nicht das Olivenöl, Salz und vom guten Parmaschinken. Auch ein passender Wein schadet nicht; denn Hofers Jan hat untertrieben. Wenn man schon nicht *davon* leben kann, dann will man wenigstens *damit* gut leben!

Für den Rest entschädigt euer Schmunzeln, Lachen, Sinnieren und zustimmendes Schweigen! Oder der sanfte Schock, der durch euer Kopfschütteln gelöst wie ein letztes Blatt im Herbst gen Schwerkraftbremse taumelt.

ROBIN BAUMEISTER

Robin ist eine Mischung aus Sheldon Cooper und He-Man. Physikstudent, der gerade seinen Master (of the universe) macht, ein Kraftpaket, ein wahnsinnig guter Kumpel. Zwei Drittel von „Team me up, Scottie", mein Mittel gegen Auftrittsangst. Nachdenkliche, tiefe Texte, die man dem stärksten Blondkopf der Welt nicht immer zutraut.

Jan Cönig

So ein Typ *Fels in der eigenen Brandung*. Seine Erscheinung strahlt Ruhe und Gelassenheit aus, der warme Klang seiner Stimme hüllt den Raum ein und wiegt seine Zuhörer in Sicherheit; eine trügerische. Denn nach und nach zerreisst er diesen sanften Vorhang, gibt Einblicke, zeigt Gefühle, lässt einen teilhaben an den geheimen Ecken seiner Seele – oder der Seele eines Anderen, der einen echt fetten Schalk im Nacken sitzen hat. Oder auf der Zunge. Und überhaupt.

GAX

Robin ist groß. Sehr, sehr groß! Robin hat sich mal auf mich drauf geworfen. Das verändert einen Menschen. Danach bist du nicht mehr der Gleiche. Genauso kann Robin Bühnen verändern. Er entert sie einfach. Seine magischen Märchen sind unvergessen, sein Humor ist ein Traum und er hat bei der deutschsprachigen Poetry-Slam-Meisterschaft im Finale seinen Text vergessen. In diesem Buch ist Robin Baumeister mit Abstand der Beste.

Jey Jey Glünderling

Ein Berg von einem Mann, mit einer rechten wie Mike Tyson und dem Gemüt eines Golden Retriever Welpens. Ich durfte mit ihm sowohl Betten, als auch Bühnen teilen, wobei ich auf ersteres im Nachhinein gerne verzichtet hätte, da seine boxerischen Fähigkeiten meist nur nachts zutage treten. Texte zwischen Uni und Leben, Humor und Tiefsinn, präsentiert mit einer Stimme zum Verlieben, das ist Robin!

Raban Lebemann

JAN CÖNIG

Eindeutig der Cönig unter den Jans. Seine liebevollen Stillleben gelten seinen im Alltag gekenterten Untertanen, seltsamen Mitbewohnern und zufälligen Unbekannten. Mitmeschen, die genau wie ihr Cönig mit den Irrungen und Wirrungen des Lebens kämpfen, um nachher wenigstens einmal recht zu haben. Oder vielleicht halbrecht. Oder wenigstens die Hand an einem kleinen Strohhalm, der ihnen durch die nächsten Minuten hilft. Mit einem alle Gefahren abwehrenden Lächeln auf der Seele.

GAX

Abriss oder Abgründe: Bei Jan weiß man nie. Es gibt den einen Jan, der sich voller Verständnis des Fremden Seelenpein anhört und wirklich gewillt ist, diesen zu heilen. Und es gibt den anderen Jan, der mir den krassesten Bodycheck meines Lebens verpasste und mich gegen ein Hotelbett schmettern ließ. Jan setzt tatsächlich alles auf die Karte der Kunst. Dafür gebührt ihm großer Respekt! In diesem Buch ist Jan Cönig mit Abstand der Beste.

Jey Jey Glünderling

Ein Drittel von „Team me Up, Scottie", doch alleine mindestens genauso großartig. Seine Texte leben durch seine ruhige und intelligente Vortragsweise. Er ist ein besessener Beobachter seiner Mitmenschen und ich kenne niemanden sonst, der am Morgen vor einem Slam den Text für den Abend noch nicht geschrieben hat und dann immer wieder Dinge präsentiert, die einfach rund sind. Abgesehen davon ist er eine Bereicherung auf jeder Autofahrt und bei jedem Rap Freestyle.

Raban Lebemann

Wer ist dieser Jan Cönig? Wer diese Frage zu beantworten versucht ist wohl, ob der Komplexität ihrer Antwort, verdammt zu scheitern. Jan Cönig, der Mann aus der Wörterschmiede. Der Mann, mit dem ich mir am liebsten die Bühne teile. Der Mann, ohne den ich gar nicht zum Slam gekommen wäre, weil er sagte: „Ey, du schreibst doch auch. Lass uns doch mal bei so 'nem Slam mitmachen!" Danke dafür! Texte zwischen Allem. Oft mit Witz, sehr oft mit Wortwitz (manchmal zu oft, sorry, Dude). Abschließend lässt sich nur sagen: Ich bin froh, nicht eine seiner WG-Figuren zu sein.

Robin Baumeister

GAX AXEL GUNDLACH

Autofahrten mit GAX sind das Geilste. Da bekommt man Geschichten serviert, die nur das Leben schreiben kann. Und das Leben hat viel für GAX geschrieben. Rock-Opern-Komponist, Poetry Slammer oder Leichenwäscher: GAX hat alle coolen Dinge schon gemacht. Auf der Bühne spürt man die Erfahrung eines alten Hasen gepaart mit einem nimmersatten Hunger nach mehr. In diesem Buch ist GAX mit Abstand der Beste.

Jey Jey Glünderling

Was soll man zu GAX bloß sagen? Meister der Kurzgeschichte, auf und neben der Bühne. Immer wenn man denkt, jetzt hat er alles erzählt, kommt wieder ein Erlebnis aus seinem Leben – und er hat viel erlebt! Den Rap* erfunden, durch Frankreich gereist, vor tausenden Menschen aufgetreten und und und. Dazu hat er mehr Bühnenerfahrung als die ganze Slamszene zusammen und immer einen Blick für das, was zwischen den Zeilen liegt. Es wird niemals langweilig mit GAX! Einfach eine absolute Bereicherung auf und neben der Bühne.

Raban Lebemann

Wer ist dieser GAX? Wer diese Frage zu beantworten versucht, ist wohl, ob der Komplexität ihrer Antwort, verdammt zu scheitern. GAX ist dieser Typ, dessen zehnter Slam der Hessenslam 2014 ist, den er einfach mal komplett zerberstet und einen grandiosen zweiten Platz macht. GAX ist dieser Typ, der schon seit gefühlten hundert Jahren im Business unterwegs ist und einfach mal im Nebensatz erwähnt, dass er schon mal die Halbzeitshow in einem vollbesetzten Fußballstadion gemacht hat. GAX ist dieser Typ: immer eine Story aus seinem Leben auf Lager, immer einen guten Tipp parat. Abschließend lässt sich nur sagen: Ich bin froh, nicht sein Bandana zu sein.

Robin Baumeister

GAX weiß alles. GAX kann alles. GAX hat alles schon gemacht. Und wenn nicht, dann hat das einen Grund. Der alte Hase ist ein ganz schöner Fuchs, produziert Texte, wie die Karnickel Karnickel produzieren und verliert dabei nie den scharfen Blick auf die Gesellschaft.

Jan Cönig

*Anm. GAX: Das hab ich so nicht gesagt! Richtig ist: Die erste Schallplatte mit deutschsprachigen Rap ist von mir. Makromad: „Tausend Tage Fete", RCA 1984

JEY JEY GLÜNDERLING

WENN ES JEMANDEN GIBT, DER SICH EINE BESCHREIBUNG IN CAPITAL LETTERN VERDIENT HAT, DANN JEY JEY!
LAUT, HUMORVOLL, POINTIERT, ABSURD, MEHR ÜBERTRIEBENE VERGLEICHE ALS DIE MISS UNIVERSE SHOW UND EIN MEHR ALS FEINER MENSCH. SEIN KÜNSTLERNAME SOLL DAS GEFÜHL VERMITTELN, ER WÄRE IM WAHREN LEBEN ANDERS. DAS STIMMT ABER NICHT, JEDE SEINER GESCHICHTEN KÖNNTE IHM SO ODER SO ÄHNLICH PASSIEREN.
EINFACH EINE ERSCHEINUNG AUF DER BÜHNE. NUR DURCH IHN BIN ICH ÜBERHAUPT AUF DIE IDEE GEKOMMEN, ZU SCHREIBEN, danke dafür!

Raban Lebemann

Wer ist dieser Jey Jey Glünderling? Wer diese Frage zu beantworten versucht ist wohl, ob der Komplexität ihrer Antwort, verdammt zu scheitern. Irgendwo zwischen Wahnsinn, Bekloppheit, Schwachsinn, Gebrüll und Genie. Da ist Jey Jey Glünderling angesiedelt. Meine Freunde sagen über ihn: „Das Hiphop-Freestyle-Zeug hat er ja schon gut drauf, aber ich hab noch niemanden so *weiß* tanzen sehen!" Ich denke, das fasst seine Art am besten zusammen: hyperaktiv, laut, egozentrisch, aber auch nicht selten intelligent und gefühlvoll. Abschließend lässt sich nur sagen: Ich bin froh nicht seine Kindergärtnerin gewesen zu sein.

Robin Baumeister

Der Name Glünderling sagt eigentlich schon alles aus. Falls nicht, dann so: Ich kenne niemanden, der intelligenten Tiefsinn, Emotionalität, treue Freundschaft, Egozentrik, Alkoholmissbrauch, Pöbelkultur und laute Selbstdarstellung so problemlos vereint. Prost. Danke.

Jan Cönig

Jey Jey – wenn er auf die Bühne tritt, man weiß nie, ob er mehr Verse oder mehr Herzen bricht. Verschmitzt leuchtet er mit seinen Augen ins Publikum. Und zerrt es dann mit Kraft in seine absurden Welten. Manchmal mit der rohen, aber gut gehobelten Kraft des Trivialen, dann wieder mit völlig unerwartet tiefen Wendungen und Wandlungen. Dazu erklingt aber kein sanftes Glöckchen, sondern das laute, kraftvolle Stakkato seiner freestyle-gestählten Stimme. Und ganz im Stile eines Groucho Marx bricht er die Rolle des Wort-Kanoniers, schenkt den Zuhörern einen Einblick auf eine zweite Ebene, und garniert es mit einem Schmunzeln, einem Kichern.

GAX

RABAN LEBEMANN

Wer ist dieser Raban Lachmalnich? Wer diese Frage zu beantworten versucht ist wohl, ob der Komplexität ihrer Antwort, verdammt zu scheitern. Ein Mensch, der sich gerne Dinopflaster auf seine von der Glatzenrasur verwundete Platte kleben lässt. Ein Mensch, der einfach mal so mit zum *National* nach Dresden fährt und sich nachts im Schlaf verprügeln lässt (Sorry, war keine Absicht, ich habe sehr reale Träume!) .
Ein Mensch: Texte zwischen Schwachsinn, Tiefsinn und Alltag. Das ist Raban Lebemann. Abschließend lässt sich nur sagen: Ich bin froh nicht sein Rasierer zu sein.
Robin Baumeister

Clemens Theodor Lachmalnich, der gerne unter dem Künstlernamen Raban Lebemann auftritt, ist unser Küken. Aber auch nur im Hinblick auf die Bühne. In seiner kurzen Zeit als Slammer hat der haar- aber keinesfalls humorlose Clemse schon fast alle großen Bühnen der Gegend gesehen, sich vieles von der Seele geschrieben und Erfahrungen gemacht. Das liest man auch in seinen Texten, die ganz nah an ihm dran sind. Und, zur Hölle, Clemse ist der beste Fahrer der Welt!

Jan Cönig

Alles Leben ist Leiden? Freund Buddha hatte nicht den Hauch einer Ahnung, wie man es als moderner Mann durch die Banalitäten des Alltags schaffen soll; so ohne das passende Bügeleisen für die Falten der Seele – und die der leider viel zu selten zerwühlten Bettwäsche. Zum Glück haben die Frauen und das Leben aber nicht nur Demütigung sondern auch Trost parat: in Form von Selbstironie, schweren Kalauern und deren tiefgründiger Auflösung. Am Schluss ist dann wieder: Alles in Buddha!

GAX

„Alter, sind die alle Scheiße!", sagte Raban.
„Dann mach es doch besser!", entgegnete ich. Und Raban zog es tatsächlich durch – sofort war er on fire und er ist es bis heute. Seine Texte schwanken zwischen hochgradiger Asozialität und einer gesunden Enttäuschung vom Leben. Sie lassen tief blicken in einen von Grund auf ehrlichen Menschen. In diesem Buch ist Raban Lebemann mit Abstand der Beste.

Jey Jey Glünderling

ZUGABE
TMUS

Zu den vielen kleinen netten Ritualen des Poetry Slams gehört die Zugabe, die der jeweilige Gewinner des Abends geben darf. Und so auch hier. Auch wenn es im Buch in dem Sinne keinen Wettbewerb gibt, es gibt natürlich trotzdem immer Gewinner: so zum Beispiel Robin und Jan, die sich nicht mehr nur solo durchs Bühnenpoetenleben kämpfen müssen, sondern auch zu zweit als Slamteam unter dem Namen „Team me up, Scottie" die Bühnen rocken dürfen.

Aber damit nicht genug des Glücks, nein, sie haben in Jey Jey auch noch ihren eigenen TMUS-Coach. So zumindest steht es auf seiner Teamjacke. Raban und GAX haben aber bis heute noch nicht rausgefunden, um was für eine Art Coach es sich bei Jey Jey handelt: ob Mentalcoach oder Fitness-Trainer, ob Urschrei-Therapeut oder einfach nur Coach-Potatoe, zuständig für Snacks, Freibier und Jägermeister.

Ist aber auch egal, denn beim Team-Slam kommt es vor allem darauf an, dass Jan und Robin im Rhythmus perfekt synchron sprechen, sich an den richtigen Stellen ergänzen oder sich gegenseitig ins Wort fallen.
Und das sind die Nachteile beim Team-Slam: Man muss sehr viel miteinander üben.
Und die Siegprämie teilen!
.

TEAM ME UP, SCOTTIE

UNDERWATER

Robin: Ich sitze in einer Bar und bin nervös. Wieso habe ich mich auf dieses blöde Speeddating eingelassen? Gleich geht es los. Ich denke an den blödesten Ratschlag, den Jan mir jemals gegeben hat.

Jan: Wenn Du mit einer Situation überfordert bist, dann stell dir vor, du wärst im Meer. Das wirkt Wunder.

Robin: Natürlich ist das wie so oft absoluter Schwachsinn, trotzdem höre ich seine Stimme in meinem Kopf, wie sie Meeresrauschen imitiert.
Eine hübsche kleine blonde Frau mit dunklen Augen setzt sich mir gegenüber.
Es geht los.
Ich kann mich nicht entscheiden, wie ich sie begrüßen soll, also sage ich Hallogutenabendwiegehts … sie sagt:

Jan: *„Hai!"*

Robin: Wir kommen ins Gespräch.
Sie ist sehr sportlich. Sie mag Skifahren …

Jan: *Karpfen.*

Robin: und liest gerne Bücher von Jane

Jan: *Austern.*

Robin: Ich bin völlig überfordert
und kann nur zustimmend ...
Jan: *Muscheln*
Robin: Dann ist die Zeit schon vorbei. Die nächste Frau kenne ich irgendwo her.
Sie schaut mich mit einem erkennenden Lächeln an und sagt: „Hallo ...
Jan: *Robben!"*
Robin: Wie war noch gleich ihr Name?
Jan: *Anne Mone*
Robin: oder ...
Jan: *Garnele?*
Robin: Es fällt mir nicht mehr ein. Wir übergehen die Vorstellungsfloskeln und sie legt direkt los: „Was bist Du für ein Sternzeichen?"
Jan: Zwilling.
Robin: Nein.
Jan: *Krebs?*
Robin: Nein.
Jan: *Wassermann?*
Robin: Nein.
Jan: *Fische.*
Robin: In Ordnung.
Wir reden fünf Minuten belangloses Zeug, dann ertönt die Klingel.
„Ich gehe dann mal weiter", sagt sie.
Und ich nur O-
Jan: *Koi!*

Robin: Ganz langsam werde ich entspannter.
Trotzdem kann ich mich kaum auf die Gespräche konzentrieren.

Jan: Wenn ich überfordert bin,
springe ich ins Meer.
Hier ist alles leicht.
Ich schwebe einem
glücklichen Wal hinterher.

Robin: Okay es reicht.
Ich muss mich jetzt konzentrieren.

Jan: Unter Wasser muss und
kann man nicht sprechen.
Es glitzert, wenn Sonnenstrahlen
sich in Wellen brechen

Robin: Ich habe schon die sechste Frau vor mir.
Sie erzählt von ihrem
Tauchurlaub in der Karibik …

Jan: Klares Wasser, klarer Blick,
ein Fisch schaut mich an
und ich schaue zurück.
Schwimmen ist wie Fliegen
ohne Absturzgefahr.
Ich sehe ein Wrack,
das früher mal ein Robin war.

Robin: Ich bin frustriert.
Die nächste Frau ist nett, sexy,
sie ist ganz sicher nicht …

Jan: *Meerjungfrau, ...*

Robin: aber es funkt einfach nicht.
Dann kommt die letzte Frau an den Tisch. Wow!
Sie ist einfach perfekt.
Ich starre sie an, während sie in Zeitlupe auf mich zuläuft.
Ich schwitze und werde noch angespannter.
Sie sieht die Panik in meinem Blick
und fragt mich ...
Jan: *„Aal-*
Robin: les klar bei dir?"
Ich nicke. Sie hat bei der Frage die Hand auf meine gelegt und ich möchte, dass sie die Hand nie wieder wegnimmt. Sie ist der *Hammer-*
Jan: *hai.*
Robin: Ich möchte für sie der ...
Jan: *Wels ...*
Robin: in der Brandung sein
und würde für sie alles *Tun-*
Jan: *fisch.*
Robin: Weil wir in der letzten Runde sind, muss sie nach fünf Minuten nicht wechseln. Ich weiß nicht, wie ich es schaffe, aber sie bleibt.
Wir waren in unserer eigenen Welt.
Wir lachten so stark, dass die Tränen
Jan: *Flossen.*
Stoer-
Robin: geräusche gab es nicht.
Am Nachbartisch fiel eine Kerze um und ent-

zündete die Tischdecke,
aber wir bekamen davon nichts mit.
Bis wir es ...

Jan: *Rochen.*

Robin: Wir sprangen auf und ich versuchte die Flammen mit meinem

Jan: *Feuerschwanz.*

Robin: Hemd!
Mit meinem Hemd auszuschlagen,
aber es funktionierte nicht.
Da kam auf einmal ein Mann mit einem Feuerlöscher, schubste mich beiseite und löschte die Flamme.
Mein Date schaute ihn bewundernd an.
Ich dachte nur: „So ein

Jan: *Buntbarsch*

Robin: *Arsch*loch!" Natürlich ...

Jan: *Strand ...*

Robin: er jetzt super da. Es war zwar nur ein kleines Feuer, aber alle taten so, als hätte er gerade ein Katzen- und ein Menschenbaby aus einem brennenden Hochhaus gerettet.
Ich habe mir den Kopf gestoßen und ...

Jan: *Seesterne.*

Robin: Thorsten, der tolle Feuerwehrmann, setzt noch einen drauf und lädt die ganze Gruppe zu sich nach Hause ein.

	Alle außer mir fanden die Idee gut, also ...
Jan:	*Schwamm ...*
Robin:	ich mit dem Strom.
	Dort angekommen, fing er direkt an,
	sich zu profilieren:
	Mein Haus. Mein ...
Jan:	*Boot.*
Robin:	Mein
Jan:	*See-*
Robin:	*Pferd*. Und so weiter…
Jan:	*Nemo*
Robin:	An mich:
	Thorsten ist ein Arschloch.
	Aber wenn ich sie haben will,
	muss ich da ...
Jan:	*Dorsch!*
Robin:	Irgendwann sind wir nur noch zu dritt:
	Er, meine Traumfrau und ich.
	Als er auf Toilette geht, muss ich handeln.
	Ich schaue sie an, hole tief Luft
	und setze alles auf Blau.
Beide:	Schwimmen ist wie Fliegen ohne
	Absturzgefahr
Robin:	Lass uns gemeinsam schweben
	Ich sehe Licht, wo vorher Schatten war,
	Lass uns gemeinsam leben
Jan:	… übertrieben …

Robin: „Ich wäre jetzt gerne mit dir am Strand",
sage ich und sie gibt mir die Hand.
Jan: Seeelefant.
(kurze Pause…)
Robin: Wir hatten eine wunderschöne Nacht, doch schon am nächsten Morgen war der Zauber vorbei. Unsere Liebe blieb nicht lange
Jan: *Fisch.*
Robin: Dabei war sie meine erste
Jan: *Wal.*
„Lachs
Robin: uns Freunde bleiben", sagte sie und ging. War wohl ...
Jan: *Nixe.*
Robin: Sieht so aus, als müsste ich weiter nach hübschen
Jan: *Mariannengraben.*

ENTE.

WERBUNG & REKLAME

So, und wer jetzt noch mehr über die fünf Wortakrobaten erfahren will, muss entweder sein Kurzzeitgedächtnis löschen und das Buch nochmal von vorne lessen; oder sich durchs Weltweitgewebe fräsen, zum Beipiel hier: (Einfach mit der Maus solange auf die links einschlagen, bis sich das Internet öffnet ;-)

ROBIN BAUMEISTER
    www.facebook.com/robin.baumeister.

JAN CÖNIG
    www.facebook.com/coenig

GAX AXEL GUNDLACH
    www.gaxkabarett.de
    www.facebook.com/gaxaxel.gundlach
    www.gaxaxelgundlach.de

JEY JEY GLÜNDERLING
    www.facebook.com/jey.glunderling

RABAN LEBEMANN
    www.facebook.com/rabanlebemann

TEAM ME UP, SCOTTIE
    www.facebook.com/teammeup

Was? Du willst auch mit Deinem Poetry-Slam-Text in einem Buch erscheinen? Kein Problem. Hier im Buch ist Platz für Deine eigenen Gedanken. Leg los! Hau rein! Wir freuen uns jetzt schon mal, Dich bald auf einer Slam-Bühne in unseren Reihen zu begrüßen.
Jetzt schon ganz wahnsinnig stolz auf Dich, Deine

                        Robin, Jan, GAX, Jey Jey und Raban

_____

_____

_____

_____

_____

_____

_____

_____

_____

_____